SLAVIK JUNGE
VOM PRÄSIDENT ZUM HARTZ IV

Slavik Junge
mit Jonas Lindemann

Vom Präsident zum Hartz IV

Roman, Bratan

Sämtliche Angaben in diesem Werk erfolgen trotz sorgfältiger Bearbeitung ohne Gewähr. Eine Haftung der Autoren bzw. Herausgeber und des Verlages ist ausgeschlossen.

1. Auflage
© 2021 Benevento Verlag bei Benevento Publishing Salzburg – München, eine Marke der Red Bull Media House GmbH, Wals bei Salzburg

Alle Rechte vorbehalten, insbesondere das des öffentlichen Vortrags, der Übertragung durch Rundfunk und Fernsehen sowie der Übersetzung, auch einzelner Teile. Kein Teil des Werkes darf in irgendeiner Form (durch Fotografie, Mikrofilm oder andere Verfahren) ohne schriftliche Genehmigung des Verlages reproduziert oder unter Verwendung elektronischer Systeme verarbeitet, vervielfältigt oder verbreitet werden.

Medieninhaber, Verleger und Herausgeber:
Red Bull Media House GmbH
Oberst-Lepperdinger-Straße 11–15
5071 Wals bei Salzburg, Österreich

Satz: MEDIA DESIGN: RIZNER.AT
Gesetzt aus: Minion Pro, Black Torch
Umschlaggestaltung: ZeroMedia GmbH, München
Umschlagfotos: Dirk Bruniecki, München
Autorenillustration: © Claudia Meitert / carolineseidler.com
Printed by GGP Media GmbH, Germany
ISBN: 978-3-7109-0107-2

INHALT

1	Die Kirsche auf der Torte	7
2	Ich bin zu beliebt bei den Frauen	17
3	Bizness mit Asmalbek	25
4	Ab jetzt nur noch S-Klasse	35
5	Schule reingeschissen	43
6	BLYAT	45
7	Fleisch für den Sumoringer	47
8	Alles Lutscher außer Slavik	55
9	Date-Doktor am Yssykköl	63
10	Löwen fliegen nicht mit Schafen	71
11	Mercedes-Rückbank statt Schulbank	83
12	Wer redet so, Blyat?	93
13	Was juckt dich meine Boxershorts?	101
14	Weiße Autos für Kirgistan	113
15	Putin iz da	121
16	Im Flugzeug wie Elit	133
17	Der Präsidenten-Club	143
18	One Day in Ibiza	155
19	Viva Columbia	167
20	King trifft Queen	179
21	Make Kirgistan great again	191
22	Alles Hunde	203
23	Der Kreislauf des Lebens	213
24	Mein Name ist Slavik	223

1
DIE KIRSCHE AUF DER TORTE

»Oooh, wie süüüß. Ist er nicht süß, Aksana?«

»Jaaa, zuckersüß, der Kleine. Hier, halt mal.«

Olga gibt Aksana ihr mit knallrotem Lippenstift beschmiertes Sektglas und holt eine Kamera aus ihrer Louis-Vuitton-Tasche. Pizdez, das sehe ich sogar von hier unten, dass die Tasche nicht echt ist. Wir sind hier im Plattenbau in Kirgistan und nicht in St. Moritz, Blyat.

»Juri, kannst du bitte kurz ein Foto von uns mit Slavik machen?« Noch bevor mein Vater im Vorbeigehen was sagen kann, drückt Olga ihm die Kamera in die Hand und geht mit Aksana in die Hocke. Die beiden klammern sich von jeweils einer Seite an die Holzstangen von meinem Gitterbett, das meine Mutter für die Babyparty ins Wohnzimmer gestellt hat. Hier drin ist wie in Habs, pizdez. Ich fühl mich wie ein Adler, den man versucht hat, einzusperren. Wenn ich hier in ein paar Jahren raus darf und nicht mehr diesen ekligen Brei essen muss, will ich als allererstes so nen schönen Kebab, so nen schönen Köftespieß. Auch mit gar kein Reden und so. Aber reden kann ich ja eh noch nicht, ich bin ja noch Baby. HAAA!

»Und einmal lächeln!« Ich frage mich, wofür mein Vater das noch sagt. Wenn Olga und Aksana noch mehr grinsen, ist auf dem Bild nur noch Zahnfleisch. Ich höre das Klicken der Kamera und fühl mich wie ein Reh, das in Autoscheinwerfer guckt. Wofür dieser Blitz, jobani vrot? Es ist mitten am Tag.

»Oh, der Blitz war nicht nötig. Machen wir noch mal.«

Ach was, Baba. Aber ich will auch nicht nur meckern. Seit die Party angefangen hat, kommen die ganze Zeit Mamas Freundinnen und machen Fotos mit mir und nehmen mich in den Arm. Und Mama hat hübsche Freundinnen. Wird nicht das letzte Mal gewesen sein, dass Slavik bei Mädchen Mittelpunkt von Party ist. HAAA! Früh übt sich, dowajst schon, was ich meine.

»Jetzt reicht's aber auch erst mal mit Fotos, der Kleine braucht eine Pause. Hier, deine Kamera.«

Olga und Aksana gucken sich die Bilder noch mal an und gehen auf ihren Stöckelschuhen wieder zum Buffet. Laufen wie Storch auf Stelzen.

»Der ist wirklich zu süß«, kichert Aksana zum gefühlt zehnten Mal. Ja normal bin ich süß, Blyat. Ich bin Slavik Junge.

Vor vierzig Tagen hab ich im Krankenhaus direkt mal Ansage gemacht und kurz nach der Geburt die Krankenschwester angepisst. Weil ich Entertainer bin und dowajst schon, so bisschen Duftmarke setzen. Meine Mutter war zwar megakaputt und müde, doch ihr war das trotzdem voll peinlich. Aber sie musste auch lachen, als alle gelacht haben. Sogar Krankenschwester hat bisschen gelacht, ich hab genau gesehen. Glaube, ihr hat das auch bisschen gefallen, pizdez. Die Eklige.

Am meisten gelacht hat natürlich mein Vater. Auch wenn er fast zu spät kam. Als bei Mama die Wehen einsetzten, musste er grade noch Autos reparieren. Meine Mutter beschwert sich immer, dass Papa noch nie pünktlich Feierabend gemacht hat, seit er seinen eigenen Autohandel mit Werkstatt hat. Nicht mal am Tag meiner Geburt.

Mama erzählte mir später, Papa ist zusammen mit Onkel Samat in den Geburtsraum gestürmt, eine Minute bevor ich am Start war. Einen auf Last-Minute-Treffer. Papa war sogar noch im Blaumann und mit so Ölflecken im Gesicht, pizdez. Andere Krankenhausbesucher müssen gedacht haben, da ist mieser Wasserrohrbruch oder so. Dabei passierte da drin grade ein historisches Ereignis. Slavik Junge kam auf die Welt.

Ich habe mich lange gefragt, welcher Autodeal so wichtig ist, dass man riskiert, das zu verpassen. Wenn ein Bratan mich anruft und ich grade in der Spielo am Hochdrücken bin und er dann sagt, ich soll schnell kommen, weil achtes Weltwunder passiert, dann warte ich doch auch nicht, oder? Ok, vielleicht, wenn der Automat gut gibt. Wenn man gleich bei 140 ist. Aber trotzdem wollte ich wissen, was da los war, jobani vrot.

Irgendwann, mit sechzehn oder so, hab ich Papa dann gefragt. Er meinte, er wollte nur noch einen Auspuff neu installieren und dann direkt zum Krankenhaus fahren, als grade Onkel Samat mit so nem komischen Anzugträger auf den Hof kam. Onkel Samat ist Kleptomane oder wie das heißt. Ist pohui wo, er lässt was mitgehen.

Jedenfalls hat Samat nicht nur so Kleinscheiß, sondern auch heftige Ware da. Plasmafernseher von Lkw und so. Von einer dieser Geschichten kannte er auch den Anzugtypen, mit dem er kurz vor meiner Geburt auf Papas Hof aufgetaucht ist.

Pizdez, richtig komischer Typ. Er wollte einfach so eine alte, rote Schrottkarre loswerden. Aber nicht verkaufen, sondern in die Schrottpresse damit. Ich sag mal hier jetzt besser nicht, was er Papa dafür gezahlt hat, sonst macht noch jemand Auge, nahui Blyat.

Warum der Typ die Karre loswerden wollte, weiß Papa bis heute nicht. Bei sowas hat Papa gerne mal ein Auge zugedrückt. Er hat auf jeden Fall dick Schnapp gemacht. Damit konnte Papa erst mal seine ganzen Schulden abbezahlen. Für die Miete vom Autohof und für Wohnung und so. Kirgisische Schufa war ruhig dann. Als er mir das erzählt hatte, konnte ich schon verstehen, warum er bei meiner Geburt fast zu spät kam.

Den Rest vom Geld hat er zurückgelegt für mich. Damit ich später mal studieren kann. Pizdez, was für Studium? Denkt der, ich werde Arzt? Oder Politiker?

Bisschen von dem Geld hat er aber auch direkt ausgegeben für die Babyparty hier. Alle sind da. Meine zwei Halbbrüder Ednan und Baytok, meine Großeltern, meine neun Onkel, sieben Tanten und alle 38 Cousins. Und ganze Bekanntschaft und Nachbarschaft haben meine

Eltern zusammengetrommelt. Auf 59 Quadratmeter versammelt, jobani vrot. Überall sind Luftballons und ständig ballert irgendwer ne Konfettikanone ab. Blyat, das ist so laut. Einfach Konfettikanone in Wohnung.

»Jungs, es reicht jetzt! Wir müssen das später alles sauber machen. Geht ein bisschen im Hof unten spielen oder schießt die Dinger vom Balkon! Nicht hier drinnen! Und rennt nicht die ganze Zeit so nah am Gitterbett rum!«

Endlich macht Papa den Nachbarskindern mal ne Ansage. Die sollen erst mal warten, bis ich groß bin, Blyat. Dann werden Ansagen noch schlimmer, wenn Slavik Junge Blockchef ist.

Warum will Papa überhaupt, dass ich ne Pause vom Fotos machen kriege? Als würde das was bringen. Hier drin ist eh lauter als bei ZSKA im Ultrablock. Pizdez, sogar ein DJ legt auf. Seit über zwei Stunden läuft jetzt Eurodance Megamix und einfach keiner wird müde vom Tanzen. Samat hat irgendwann angefangen, beim Tanzen Kurzhanteln zu pumpen. Blyat, nie macht der Sport mit seinem Bauch wie Abrissbirne, aber wenn Babyparty von Slavik ist, turnt sogar Onkel Samat in Anzug und Krawatte rum. Slavik Junge ist ein guter Einfluss auf die Gesellschaft.

Nur Olga und Aksana, die machen langsam bisschen schlapp. Haben bei Sektfrühstück bisschen mehr auf Sekt als auf Frühstück geachtet. Wenn die mich nicht grade abknutschen oder Bilder mit Duckface machen, sitzen die auf der Couch, lästern über irgendwelche Leute und lachen so komplett übertrieben.

»Schatz, du kennst doch noch meinen Ex Urmatbek aus dem Fitnessstudio, oder? Diesen mit … Wie heißt das noch mal? Schatz, wie heißt das noch mal, wenn man keine Haare hat? Wie heißt das noch mal, Schatz?«, lallt Aksana Olga entgegen. Pizdez, redet sie von Glatzen? Ist ihr Ernst grade? Wie hacke ist die? Aksana hat ein Auge zugekniffen und schaut Olga mit erwartungsvollem Blick an. Sieht aus wie Pirat, jobani vrot.

»Keine Haare? Meinst du eine Glatze?« Olga kommt auf jeden Fall noch bisschen mehr klar. »Jaaa, genau, eine Glatze«, kreischt Aksana und tut so, als hätte Olga grade Schwerkraft entdeckt, Blyat. »Jedenfalls, den kennst du doch noch, oder? Der … äh …, der wohnt ja nur ein paar Straßen weiter und hat jetzt wieder ne Neue. Also neue Dings … Freundin. Letztens ist er mit ihr im Cabrio an mir vorbeigefahren und hat so blöd gegrinst. Ich hab genau gesehen, das war n Leihwagen. Der macht immer noch auf dicke Hose mit Leihwagen, wie bei mir auch schon. Aber ich sag mal so: Ich … ich hab ja jetzt seine Neue gesehen und eine Steigerung zu mir ist das nicht grade.«

»Schatz, wie soll man sich nach dir auch noch mal steigern?« – »Ach Schatz, du bist so süß.« Die beiden stoßen mit ihren Sektgläsern an und lachen sich wieder kaputt. Olga hat fast nervigste Lache in ganz Kirgistan, Blyat. Nur eine Lache ist noch nerviger. Die von Aksana. Zusammen ist schlimmer als Wadenkrampf. Inzwischen sind die so auf der Couch rumgerutscht beim Lachen, dass die grün-braun-gold bestickte Decke da drauf nur noch wie Papierkugel am Rand liegt.

»Schaaatz, lass uns noch mal zu Slavik, ich bin ganz verrückt nach dem Kleinen«, sagt Aksana plötzlich. Jebat, bitte nicht. Bleibt mal weg, ja. Wenn die mich jetzt in Arm nimmt, ist gefährlich wie Fallschirmsprung. Aksana kann nicht mal ihr Glas richtig halten. Die zwei kommen direkt auf mein Bett zu. Wo ist Papa, wenn man ihn braucht? Was mach' ich jetzt, Blyat?

»Iiih, riechst du das, Olga?« – »Iiih, ja. Oh Gott, oh Gott, das ist ja widerlich. Wie kann aus einem so kleinen Baby so ein Geruch rauskommen? Madina, gut, dass du da bist, Slavik braucht neue Windeln.« Meine Mutter schleppt grade aus der Küche ein neues Tablett mit Beschbarmak an. Sie guckt genervt zu Olga: »Hat Juri euch nicht gesagt, ihr sollt Slavik eine Pause gönnen? Einen Moment, ich komme sofort.« Mama stellt das Tablett ab, hebt mich hoch und riecht an mir. »Nein, da ist nichts. Das war nur ein Pups.«

Natürlich kack ich mir nicht vor Frauen in die Hose, pizdez. Das wäre bisschen zu viel des Guten. Aber ich weiß nicht nur, wie man Mädchen beeindruckt, sondern auch wie man wieder loswird im Notfall. Hat geklappt mit Furztrick. HAAA!

Wo Furztrick nicht klappen würde, ist im Auto von Papa. Samat hat ihm heftigste Lüftung besorgt und eingebaut. Blyat, er weiß Bescheid, was wichtig ist im Auto. Weil wenn man Mädchen grade nicht loswerden will, aber man furzt im Auto, muss man schnell wegmachen können. Maximal sieben Sekunden, jobani vrot. Das ist bei Autos fast so wichtig wie dass man Fuß gut raushalten kann aus Fenster.

Meine Mutter hat ein Buffet aufgebaut, als wäre die ganze Familie und Nachbarschaft auf Massephase. Ich hab noch nie so ein großes Buffet gesehen. Wie auch, ich bin ja erst sechs Wochen alt. HAAA!

Teigtaschen à la Provence. Teigtaschen Carbonara. Teigtaschen Bouillon. Teigtaschen Naturell. Sie hat locker Rekord gebrochen in Teigtaschenproduktion, Blyat. Mehr Mehl gekauft als Idioten, wenn Pandemie ausbricht. Dazu Fleisch ohne Ende. PETA würde komplett Absturz bekommen. Und nicht mal Onkel Samat kann so viel Beschbarmak essen. Glaube, der hat allein schon ganzen Korb Borsok gefressen. Blyat, bei ihm ist jeden Tag Cheatday.

Seit paar Tagen hat Mama nichts anderes gemacht, als in der Küche mit ihren Brüdern und Schwestern zu kochen. Eigentlich müsste sie eigene Kochshow haben. Nicht immer nur so dicke Männer, jobani vrot. Noch besser als kochen kann sie nur backen. Meine Mutter macht beste Backwaren in ganz Kirgistan. Pizdez, das ist nicht mal Übertreibung. Vorhin erzählte sie wieder stolz, dass sie sechs Jahre in Folge kirgisischen Kuchenwettbewerb gewonnen hat. Ganzes Regal im Wohnzimmer steht voll mit so Kuchenpokalen. So goldene Tortenstücke aus Plastik auf nem Sockel. Ich gönne ihr das vom ganzen Herzen, aber muss schon zugeben, einfach Urkunden wären besser gewesen. Meine Mutter backt krassesten Kuchen überhaupt und bekommt als Auszeichnung gammeligeren Pokal als bei Fußballturnier von E-Jugend, jobani vrot.

Der Designer von den Pokalen richtiger Lauch. Hat locker noch nie Kuchen von meiner Mutter gegessen, sonst würde der sich mal bisschen Mühe geben. Oder er hat Diabetes und darf kein Kuchen essen, Blyat. Dann tut er mir fast schon wieder leid. Verpasst was. Aber vielleicht ist er auch nur ne Missgeburt ohne Talent für Kuchenpokale.

Als Mama selbst noch Kind war, hat sie angefangen, bei meiner Oma in der Konditorei mitzuhelfen, vor ein paar Jahren hat sie die dann komplett übernommen. Das ganze Viertel liebt meine Mutter und hat Respekt vor ihr. Einmal hat sie sogar Streit zwischen zwei so Hayvans aus unserem und dem Nachbarschaftsblock geklärt, weil sie alle zum Kuchenessen in Konditorei eingeladen hat. Wochenlang hatten die sich gestritten, bis meine Mutter meinte: Kommt in die Konditorei, wir müssen reden. Konditorei war full. Dann meinte der eine, es war so und so und so, der andere meinte, so und so ist nicht. Aber als Mama dann Kuchen auf den Tisch gestellt hat, konnten die gar nicht anders, als sich zu vertragen. Blyat, bei so einem Kuchen streitet man nicht. Da ist waffenfreie Zone. Nicht mal Samat hat je versucht, da was zu klauen. Obwohl für ihn doppelt schlimm ist, als fetter Kleptomane. Ist immer wie soziales Experiment, wenn er da ist.

Und jetzt hat Mama nicht nur besten Kuchen, sondern auch noch Slavik Junge auf Welt gebracht. Hat ihrer Torte namens Leben quasi Kirsche draufgesetzt. HAAA!

2
ICH BIN ZU BELIEBT BEI DEN FRAUEN

Eins haben mir die drei Jahre im Kindergarten gezeigt: Ich bin zu beliebt bei den Frauen. Heute ist letzter Kindergartentag und inzwischen steht auch fest, dass wir alle auf dieselbe Schule gehen werden. Die Probleme werden also nicht weniger. Slavik Junge muss sein Harem unter Kontrolle behalten.

Nur eine kommt nicht mit auf Grundschule. Mara. Mara zieht weg aus dem Block und geht irgendwo auf Grundschule in besserer Gegend. Eltern hatten wohl kein Bock mehr auf Plattenbau am Stadtrand. Weiß gar nicht, warum. Wenn man hier rausguckt, ist wie in Bilderbuch, nur Berge und Wiese. Zumindest auf einer Seite vom Haus sieht das so aus. Auf anderer Seite rausgucken ist halt nächstes Hochhaus, jobani vrot. Dafür kann man Nachbarn gut beobachten und gucken, wer neue Satellitenschüssel hat. Ist im Block wie Statussymbol. Neue Satellitenschüssel ist Elit wie Latte Macchiato. Da, wo Mara hinzieht, hat locker jeder neue Satellitenschüssel. Ihre Eltern denken jetzt wohl, sie sind was Besseres, seit der Vater befördert wurde zum Filialleiter in Supermarkt.

Letztens hat der Vater Mara sogar im Anzug vom Kindergarten abgeholt. Früher hatte der Butterfly in der Hose und jetzt hat er Butterfly am Kragen. Der glaubt auch, Filialleiter von kirgisischem Supermarkt ist wie Microsoft erfinden. Bist du Bill Gates oder was? Blyat.

Aber pohui, mit Mara hatte ich eh nicht mehr viel zu tun. Bleiben noch paar andere Mädchen, die mit auf Grundschule sein werden. Iroda zum Beispiel. Die habe ich als Erstes kennengelernt. Slavik Junge schaut auf die inneren Werte. Direkt am ersten Kindergartentag haben wir geflirtet. Unsere Mütter haben uns grade hingebracht, da waren wir schon in Gespräch verwickelt. Ich erinnere mich genau.

»Ihr Junge sieht aber heute besonders schick aus, sieh mal einer an! Wie ein kleiner Gentleman.« Noch bevor ich mit Mama die Treppe zum Kindergarteneingang erreicht habe, quatscht uns eine Frau an, die von der anderen Straßenseite rüberkommt und ihre Tochter an der Hand hält. Auf jeden Fall hübsche Tochter. Mit so weißem Kleidchen und dunkelblauer Schleife um ihren Zopf. Die heißt locker Cinderella.

»Oh, vielen Dank! Siehst du, Slavik? Das steht dir gut, habe ich doch gesagt. Das Kompliment hättest du mit deinen Schlappen nicht bekommen. Slavik wollte doch tatsächlich heute mit Badelatschen kommen, glaubt man das wohl? Ich bin übrigens Madina Junge, freut mich«, antwortet Mama und schüttelt der Frau die Hand.

»Freut mich auch, ich bin Svetlana Tulyaganova. Das ist meine Tochter Iroda. Ach ja, die Kinder. Iroda wollte ihr Kleid auch erst nicht anziehen. Iroda, sag Slavik hallo!«

Wie Iroda? Dachte, die heißt Cinderella. Naja, pohui, Iroda ist auch schöner Name. »Hallo Slavik«, flüstert sie. Üff, sie hat Stimme wie ein Engel. Ist zwar etwas schüchtern und versteckt sich hinter dem Hosenbein von ihrer Mutter, aber erster Kindergartentag ist jetzt schon gut.

»Hi, Iroda. Ich bin Slavik.« Pizdez, wie dumm bin ich eigentlich? Die weiß doch schon, wie ich heiße. Direkt blamiert. Das liegt an diesem Outfit. Das ist schon Blamage genug. Ich kann nicht klar denken mit so komischen Klamotten. Kaum Poloshirt an, schon Gehirn eingefroren, jebat. Mama hat mir verboten, am ersten Tag im Kindergarten Latschen und T-Shirt von Gucci anzuziehen. Also gefälschtes T-Shirt von Gucci, dowajst schon, was ich meine. Wo vielleicht auch mal nur ein G auf dem Ärmel ist. Nicht mal Jogginghose darf ich anhaben. Stattdessen muss ich graues Poloshirt tragen und so komische beige Jeans. Und Schuhe sehen aus wie von Bowlingbahn, jobani vrot. Debil, was muss Iroda denken? Wo haben meine Eltern überhaupt solche Klamotten her? Kein Mensch läuft so im Block rum. Ich schwöre, das ziehe ich nur heute an und dann nie wieder. Einmal für Mama geht. Iroda kichert nur. Die lacht mich safe aus für mein Outfit.

»Meine Tochter ist noch ein wenig zurückhaltend, aber das legt sich schon. Ich würde sagen, wir gehen mal rein, oder?« – »Warten Sie, ich halte Ihnen die Tür auf.«

Wenn Svetlana schon glaubt, ich bin Gentleman, dann muss ich jetzt auch bisschen so tun. Ich sprinte die Treppe hoch und mache die Tür auf. Pizdez, scheinbar kann ich doch denken in den Klamotten. War nur Blackout grade. Jetzt läuft's. Slavik Junge aka George Clooney. HAAA!

»Na, ich sag's doch. Ein wahrer Gentleman! Iroda, lass den nicht wieder gehen«, sagt Svetlana, während sie laut lachend mit Iroda an mir vorbeigeht. Meine Mutter guckt mich etwas verwundert an und geht mit mir hinterher. Die ist wohl überrascht von meinem guten Benehmen.

Drinnen im Kindergarten ist natürlich voll Chaos. Alle rennen durch die Gegend und brüllen rum. Keine zwanzig Sekunden hier drin und direkt Iroda und ihre Mutter verloren. Pizdez, ich muss jetzt dranbleiben. Sonst war ganzer Auftritt mit Poloshirt umsonst.

»AAAH! BLYAT! Pass doch auf, Valera!« Aus dem Nichts knallt mir ein Junge im Vorbeirennen seinen Hockeyschläger gegen mein Schienbein. Der kleine Bastard brüllt nur »Sorry« zurück und ist schon wieder weg. »Slavik! Wie redest du denn?! Woher kennst du solche Ausdrücke? Das B-Wort will ich nicht noch mal hören«, schnauzt Mama mich an.

Da kann sie sich bei Ednan und Baytok bedanken. Erste Sache, die die mir beigebracht haben, war »Blyat«.

Von Ednan und Baytok hab ich auch viel über Frauen gelernt. Die haben mich bei ihren Dates im Auto schon auf Rücksitz mitgenommen, als ich noch Baby war. Haben dann immer so gesagt, wie gerne die auf mich aufpassen. Das hat immer gezogen, findet jedes Mädchen süß. Ich hab dann manchmal absichtlich in Windel gekackt, damit denen das voll peinlich ist. Vollgeschissene Windel war Cockblock. HAAA! Blyat, da hilft auch beste Lüftung nicht mehr.

»Sieh mal, wer da kommt, Iroda. Dein neuer Freund ist da. Dann lasse ich euch beide mal allein.« Svetlana steht auf und geht zu meiner Mutter. Ich setze mich neben Iroda und hoffe nur, sie fängt nicht gleich an zu heulen wie kleines Küken, wenn ihre Mutter weg ist. Tut sie zum Glück nicht. Redet aber auch nicht. Einfach immer nur kichern. Und sie kreist mit ihrem Finger so auf der Bank rum. Süßes Bähba, aber so wird schwierig mit flirten, Blyat. Was gute Hilfe ist bei sowas, ist Chupa Chups. Habe ich heimlich in mein Rucksack eingesteckt. Mama wollte das eigentlich nicht, weil sie Angst hatte wegen dem Poloshirt, dass ich Flecken drauf mache.

Hat sich jetzt schon gelohnt. Kann ich Iroda direkt mal einladen. »Hier, willst du? Ist hart wie der Beton in meinem Block, aber schmeckt baba. Ist Zitrone. Bisschen sauer, aber weißt ja, sauer macht schlau, oder wie das heißt.« – »Sauer macht lustig, meinst du.«

Pizdez, die kann ja reden. Kaum spricht die ganzen Satz, direkt am Klugscheißen.

»Ja, mein ich, ja. Sauer macht lustig. Davaj, willst du jetzt? Ist lecker, ich schwöre.« – »Danke. Ich liebe Zitrone. Und gelb mag ich sowieso voll gerne wegen Tennisbällen. Magst du Tennis?«

Ich glaube, in unserem Block hat noch nie irgendjemand Tennis gespielt. Bin ich Slavik Junge oder Boris Becker? Blyat.

Das war mein erster Tag damals im Kindergarten mit Iroda. Ist auch schon wieder fast drei Jahre her. Leider wurden wir nicht in dieselbe Gruppe eingeteilt, Blyat. Sie ist in Grashüpfergruppe gekommen und ich in Sternengruppe. Sterne passt auch besser zu mir. Wegen Romantik, dowajst schon. Und natürlich, wenn ich Bomben verteil. Dann sieht mein Gegner auch Sterne. HAAA!

Jamala hab ich kurz nach Iroda kennengelernt. Ich bin einfach irgendwann zu ihr hingegangen und habe ihr gesagt, dass ich sie liebe, weil sie mich mit ihrer Stimme verzaubert hat. Jamala hat ständig gesungen in den Pausen und sie kann zu heftig singen. Die könnte locker jetzt schon bei Song Contest antreten und alle rasieren, Blyat. Stimme von Iroda ist Absturz dagegen. Wenn die singt, wird ganzer Häuserblock evakuiert. Das sage ich Iroda aber besser nicht.

Nach meinem Liebesgeständnis ist Jamala rot angelaufen wie kirgisische Flagge, aber sie hat dann auch direkt übertrieben und angefangen zu nerven. Ist immer beim Heimweg neben mir hergelaufen und hat Lieder gesungen. Das war so nervig, jobani vrot.

Am kürzesten von Kindergartenfreundinnen kenn ich Elena und Emilia, doch sind mir trotzdem schnell ans Herz gewachsen. Sind gleichzeitig hergezogen vor nem halben Jahr.

Die waren direkt miteinander befreundet, weil die beide neu waren und keinen kannten. Und weil beide gleiches Problem haben. Elena und Emilia haben einfach die ganze Zeit Schnupfen, Blyat. Pizdez, die Nasen sind dauerhaft zu. Wie mein Block für Leute, denen ich Plattenbau-Verbot erteile. HAAA!

Bei Elena liegt das an irgendeiner Allergie gegen Hausstaub, und bei Emilia ist chronisch, seit sie einmal zu lange Nasenspray benutzt hat. Ganzen Winter lang hat sie sich das geballert, als sie vier Jahre alt war. Jetzt macht sie Entzug. Entzug mit sechs Jahren, Blyat. Jedenfalls läuft immer die Nase bei denen und immer haben die so Nasenschnodder. Wurden direkt abgestempelt und am Anfang von allen nur Schnodder 1 und Schnodder 2 genannt.

Tat mir schon mies leid. Statt blöden Spruch zu machen, hab ich dann beiden Chupa Chups gegeben.

Außerdem konnte ich bisschen glänzen mit Bildung, weil ich von Mama wusste, dass Salvador Dali das Logo von Chupa Chups entworfen hat. Fanden die ziemlich beeindruckend. Seitdem ist mit Elena und Emilia auch so mit Luftküsschen schicken. Und ich bring jeden Tag paar Chupa Chups mit. Nur leider gab das Ärger, weil Emilia nicht nur empfindliche Nase, sondern auch empfindlichen Magen hat, Blyat. Von den ganzen Chupa Chups bekam sie dann irgendwann Bauchschmerzen und musste kotzen. Fanden die Erzieherinnen nicht so lustig, weil Emilia es nicht mehr bis zu den Klos geschafft hat und in die Gummistiefel von Sascha kotzte. Das ist der Typ, der mir am ersten Tag den Hockeyschläger ans Bein geknallt hat. Also war Karma, jobani vrot. Aber Schuld an Kotze war natürlich wieder ich. Blieb allerdings bei kleiner Verwarnung, weil Kindergarten jetzt eh zu Ende ist. Woher sollte ich das auch wissen, Blyat? Als ob ich ganze Krankenakte von Emilia kenne. Chupa Chups bekommt jetzt nur noch Elena. Heute hab ich ihr zum Abschluss vom Kindergarten noch mal vier verschiedene Sorten mitgebracht.

Bisschen schade, dass Kindergarten vorbei ist, war geile Zeit. Aber davaj, wird auch Zeit für Schule. Erstmal aber Ferien genießen. Es ist wieder Sommer im Block.

3
Bizness mit Asmalbek

»Slavik, wirf doch deinen Rucksack nicht immer so in die Ecke, der sieht schon ganz abgeranzt aus. Wenn du zum Schulanfang einen neuen bekommst, will ich, dass du damit besser umgehst. Was hat da denn so geklirrt? Und wie war dein letzter Kindergartentag überhaupt?« Mama steht mal wieder kochend in der Küche. Blyat, wie kann man so viel Leidenschaft haben fürs Kochen? Pohui, wie reich ich irgendwann bin, diese Liebe im Essen gibt's nur bei ihr.

»Sorry, Mama. Nix Besonderes, wir haben zusammen gefrühstückt und die Erzieherinnen haben uns diese Tonfiguren gegeben, die wir in der ersten Kindergartenwoche gemacht haben. So als Erinnerung. Die hatten die noch irgendwo im Keller … ah ok, das Klirren. Ja wie gesagt, sorry Mama.« Pizdez, diese Scheißfigur. War eh hässlich wie Nacktschnecke. Töpfern eine der wenigen Schwächen von Slavik Junge. Obwohl so Kunstleute würden sagen, ist abstrakt. Malen einen Strich an Leinwand und verkaufen für sechs Millionen, jobani vrot. Debil, solche Opfer. Aber wissen, wie Bizness geht. Sollte ich auch machen mit Tonfiguren. Slavik Michelangelo Junge.

»Ach Slavik, das kommt davon, dass du so grob mit deinen Sachen umgehst. Ich versuch's mal positiv zu sehen: Scherben bringen Glück. Bist du denn jetzt traurig, dass der Kindergarten vorbei ist?« – »Geht so. Wir gehen dann ja eh fast alle auf selbe Grundschule. Außerdem musste ich über Mädchen nachdenken. Die Sorgen eines Mannes, dowajst schon. Ich geh mal kurz in mein Zimmer und dann raus, ja? Fußball zocken. Ednan ist bestimmt auch dabei. Ist der schon zu Hause?«

Mama zieht ihre Augenbrauen hoch. »Sorgen eines Mannes ... du hast dir echt zu viel von deinen Brüdern abgeguckt. Ednan müsste bald kommen, der letzte Schultag ist ja auch kürzer. Und bevor ihr rausgeht, esst ihr bitte was. Ich habe Laghman gemacht, das mögt ihr doch so gerne. Und deine Sporthosen liegen gewaschen auf deinem Bett.«

»Geil, Laghman! Davaj, ich komm gleich essen.« – »Slavik, sag bitte nicht ständig ›geil‹. Und wasch dir die Hände vorher.« Laghman von Mama ist legendär. Auch wenn ich immer noch finde, dass Laghman klingt wie ein Rappername.

Aber erst mal muss ich kurze Hose anziehen, Blyat. Waren alle dreckig von jeden Tag Fußballspielen im Hof. Gestern hat Mama mich gezwungen, meine letzte Sporthose in die Wäsche zu packen. Hatte ich vier Tage in Folge an, jobani vrot. Hat echt eklig gerochen. So riecht's locker bei Onkel Samat in Bauchfalte. Bah, Alter. Deswegen musste ich heute in Kindergarten lange Hose anziehen. Pizdez, war wie in Sauna. Über dreißig Grad mit langer Hose ist wie Experiment von Extremsportler. Fernsehteam hätte mich begleiten sollen, Blyat.

Zum Glück hat Mama ganze Ladung Sporthosen gewaschen. Riecht wie Blumenwiese in meinem Zimmer. Bräuchte man kein Parfüm mehr, wenn jetzt Mädchen hier wäre.

Die Mädchen liegen aber leider nur als Poster unterm Bett im Schuhkarton, Blyat. Als Baytok vor zwei Jahren Ausbildung zum Elektriker angefangen hat, ist er in eigene Wohnung mit seiner Freundin Lena gezogen, wohnen jetzt fünf Etagen unter uns. Im ersten Stock, neben dem Hausmeister. Ich hab dann nicht nur das Zimmer von Baytok, sondern auch Poster an den Wänden übernommen. Hat sich gelohnt, weil Baytok hat viel Taschengeld in Playboy-Abo investiert. Dowajst schon, was ich meine.

Fand Mama nicht so gut mit den ganzen Nacktpostern, deswegen musste ich die abmachen und in Müll packen. Zwei Poster konnte ich aber noch retten, heimlich ausm Mülleimer. Bisschen zerknittert, aber pohui, dann weiß ich schon mal, wie die aussehen, wenn die älter sind. Bin schon mit sechs Jahren Milfhunter. HAAA! Hab die Poster dann in Schuhkarton unterm Bett versteckt. Irgendwann sind die Frauen von den Postern auch in meinem Bett und nicht nur drunter. HAAA!

In dem Karton ist sowieso viel gutes Zeug. Ist wie Wundertüte. Meine erste Uhr ist da drin, hat aber nur noch an einer Seite Armband. Hat Papa mir zum fünften Geburtstag bei Rolex-Hassan hinterm Bahnhof geholt. Der verkauft zwar auch so Kinderuhren, aber das ist nur für Lauchs, Blyat. Papa hat mir direkt silberne Rolex geholt. Beste Fälschung, wie Original. Mit kleiner Krone drauf und alles. Killer Qualität, aber ist leider nach zwei Wochen gerissen bei Fetzerei im Kindergarten mit Igor, diesem Bastard. Er wollte einfach Tafel Schokolade an Jamala geben und sich ranmachen an sie. Auch noch gute Schokolade aus der Schweiz, die ihm seine Tante aus Urlaub mitgebracht hat. Er denkt auch, mit Süßigkeiten von Verwandten kann man angeben, Blyat. Ich habe ihm dann klar gemacht, wer für Jamala Maserati und wer nur Opel Corsa ist. HAAA!

Aber Rolex ist halt dabei gerissen. Als Wiedergutmachung dafür musste Igor mir seine Uhr geben. Also war nicht ganz freiwillig von ihm, aber musste sein zum Ausgleich. Er hatte natürlich nur bunte Kinderuhr von Rolex-Hassan. Pizdez, so hässlich. Kann ich mir auch gleich Luftschlange um Handgelenk binden. Hab ich nach zwei Tagen wieder an Igor verkauft.

Mit dem Gewinn bin ich zum Kiosk im Bahnhof gelaufen, Sixpack Cola kaufen. Hat sogar für mehrere Sixpacks gereicht. Im Block kamen dann alle anderen Kinder an und wollten Cola auf Nacken haben. War noch schlimmer als wenn man Kaugummi dabeihat. Aus erstem Sixpack hab ich Flaschen noch verschenkt, die anderen dann verkauft. Immer einzelne Flaschen natürlich, bisschen Preis angehoben. Das war mein erstes Bizness mit fünf. Mama meinte, ich soll das Geld zurückgeben, aber Papa konnte sie irgendwie überzeugen, dass ich behalten kann. Er hat mich mies gefeiert und gesagt, dass das ja fair verdient war. Keiner hat die anderen Kinder gezwungen, mir Cola abzukaufen, Blyat. Papa war stolz auf kleinen Biznesssohn.

Eine leere Cola-Flasche hab ich behalten und auch in den Karton getan. Als Erinnerung an Grundstein für meine Biznesskarriere. Genau wie Golfball, ist auch Erinnerung. Golfbälle waren zweites Bizness, zusammen mit Asmalbek. Asmalbek ist mein bester und längster Freund. Er war auch mit in der Sternengruppe im Kindergarten, aber wir kennen uns noch länger. Seit Geburt schon. Ist nicht mal übertrieben. Asmalbek kam drei Tage nach mir zur Welt, im selben Kreißsaal wie ich. Das verbindet. Obwohl ja eigentlich Entbindung war. HAAA!

Elwira und Feodor sind dann mit Asmalbek zu Babyparty gekommen. Elwira und Feodor sind Asmalbeks Eltern. Drei Tage später war auch Babyparty von Asmalbek. Er und ich haben schon als Babys mehr zusammen gefeiert als andere Lauchs mit achtzehn. Und vor Kurzem dann zusammen Golfballbizness gemacht.

Asmalbek und ich waren in so ner guten Gegend unterwegs, wo nur Elit wohnt. Wo jeder Einfahrt hat. Wir mussten Torte vorbeibringen bei so nem Bonzenkunden von Mama. Dann hat Asmalbek auf einmal Golfball an Kopf bekommen. Kam einfach über so hohes Gebüsch geflogen, jobani vrot. Jebat, Asmalbek hatte krasse Platzwunde. Fast so schlimm geblutet wie Igor nach Fetzerei wegen Jamala.

Asmalbek hat sein T-Shirt zusammengeknüllt und gegen Wunde gehalten. Dann ging zwar klar mit Wunde, aber wir waren todessauer, Blyat. Wollten natürlich wissen, welcher Hurensohn das war.

Ich hab dann für nächsten Tag Bolzenschneider von Samat besorgt, damit wir durch den Zaun kommen. Und Blyat, da war Golfballparadies. Sind alle den Hügel runtergerollt von Golfplatz dahinter. In allen Farben. War wie Packung Smarties da. Asmalbek hat auch Biznessköpfchen wie ich. Wir haben direkt alle eingesammelt. Neunundzwanzig Stück, jobani vrot. Haben wir schön sauber gemacht und poliert mit Brillenputztuch von Elwira. Zwei haben wir behalten, Asmalbek einen und ich einen. Rest haben wir alle innerhalb von einer Woche vertickt im Block. Legen sich alle stolz auf ihre Fensterbank, damit man denkt, die sind Elit. Vor allem goldene waren heiß begehrt. Gab's nur zwei Stück von, Blyat.

Einen hat son Typ ausm dreizehnten Stock gekauft. Der hat da n Studio, macht Tracks und rappt. Er brauchte natürlich goldenen Golfball wegen Rapper-Image.

Anderer goldener Ball ging an die Nutte ausm zweiten. Kommt gut an bei Kunden. Glaube, seit die den hat, ist der Ball nicht mehr so sauber. Der wurde jetzt nicht nur auf Golfplatz eingelocht. Dowajst schon, was ich meine.

»Ey, Slavik, komm mal essen, ja? Mama fragt schon, wo du bleibst.« Ednan klopft gegen meine Tür. Pizdez, ich hab voll die Zeit vergessen wegen Erinnerungskiste. Jetzt ist Ednan auch zu Hause und ich bin immer noch nicht umgezogen, Blyat. »Ja, ich komme sofort.« – »Davaj, Laghman wird kalt.«

»Wo warst du denn so lange? Du wolltest dich doch nur kurz umziehen. Hast du dir wenigstens die Hände gewaschen?« Ich drehe direkt wieder um zum Bad, Händewaschen. »Ja, tut mir leid, Mama, hab bisschen die Zeit vergessen.« – »Ach, Slavik, alles muss man dir doppelt und dreifach sagen. Wo bist du nur mit deinem Kopf die ganze Zeit?« Mama sage ich natürlich nichts von der Erinnerungskiste. Sonst will die noch wissen, was da so drin ist, jobani vrot. Dann war's das mit den schönen Postern.

»Er denkt locker nur an Weiber, weiß ich doch!« Ednan hat so eine dreckige Lache immer, vor allem wenn er über seine eigenen Sprüche lacht. »Laber nicht, Ednan. Zockst du gleich mit Fußball?« – »Klar zock ich mit, was denkst du denn? Ich zieh euch wieder ab, ihr Kinder. Aber immerhin gehst du jetzt bald zur Schule. Wirst langsam zum Mann.«

»Ednan, red nicht so von oben herab mit deinem Bruder. Und jetzt iss bitte dein Laghman. Ich hetze mich doch nicht extra in der Mittagspause aus der Konditorei nach Hause und koche, damit ihr dann kaltes Laghman esst.« – »Ok, sorry, Mama.«

Sobald Mama redet, hat Ednan nicht mehr so ne dicke Fresse, jobani vrot. Wie der jetzt denkt, er ist King vom Block. Nur, weil er grade achtzehn geworden ist. Blyat, King vom Block ist immer noch Slavik Junge. Ich würde ja jetzt sagen, er soll mal lieber sein Zeugnis zeigen, aber zieht dieses Jahr nicht, Blyat. Noten sind schon länger bekannt und Ednan hat einfach sein bestes Schuljahr hinter sich. Wie auch immer der das geschafft hat. Seitdem macht er auf Einstein, Blyat. Fehlt nur noch, dass er so Ring ums Auge trägt, der wie so kaputte Brille aussieht. Wie die in Bibliothek früher hatten, so 1201 oder so. Aber einziger Ring, den man im Block trägt, ist Augenring von Fetzerei. HAAA!

»Jungs, bevor ihr geht, noch eine Bitte: Seid heute pünktlich zu Hause, ja? Papa versucht, um achtzehn Uhr da zu sein. Wir wollen zum Start der Sommerferien alle zusammen essen. Baytok und Lena kommen auch hoch. Ednan, du bekommst dann dein Zeugnisgeld für deine tollen Leistungen.« – »Jawoll, Mama, beste. Und auf Slavik wartet ja auch was, ne?« Ich lasse meinen Löffel ins Laghman fallen.

»Wie? Was wartet auf mich? Kriege ich auch Geld, oder was?« – »Ach, Ednan du solltest doch nichts verraten. Slavik, auf dich wartet eine Überraschung.« – »Ey, sag mal jetzt, was für ne Überraschung? Und wieso weiß Ednan das schon?«

»Bruderherz, Baytok und Lena wissen auch. Papa auch natürlich. Und wenn wir das jetzt verraten würden, wäre es ja keine Überraschung mehr. Komm jetzt, die anderen warten schon.«

In dem Moment klingelt es an der Tür. Locker Asmalbek. Es klingelt noch mal. »Slavik, Ednan, seid ihr da? Ich hab nen neuen Fußball bekommen, weil Kindergarten vorbei ist und so. Killer Ball, ich schwöre. Ja, ey, ich warte unten, davaj.«

Jebat, Asmalbek nervt grade mehr als die Hurensohn-Kontrolleure im Bus. Mir grade so pohui mit seinem Ball, jobani vrot. Wie soll ich jetzt Fußball spielen? Das mit der Überraschung fickt meinen Kopf. Ich hasse Überraschungen. Also nein, ich liebe die eigentlich. Ist wie mit Mädchen. Hassliebe. Kopf spielt verrückt, Blyat.

»Hört ihr, Asmalbek hat sein Feriengeschenk auch schon gekriegt! Sagt doch mal, bitte.« Ich laufe ungeduldig in der Küche auf und ab. Muss aber ständig umdrehen, weil die so klein ist, Blyat.

»Slavik, du musst geduldiger sein. Und jetzt geht raus, ich muss noch die Küche aufräumen und zurück zur Arbeit.« – »Mama hat recht, sei mal geduldig. Aber glaub mir, dein Geschenk ist besser als so n Kackfußball, der in drei Tagen wieder so braun aussieht wie Kokosnuss.«

Ist Ednan Hollywood-Regisseur, oder was? Pizdez, macht der noch extra Spannung. Ich wollte noch nie so krass, dass endlich Abend ist. Blyat, ich will mein Geschenk.

4
AB JETZT NUR NOCH S-KLASSE

»Jooob, ihr seid die Besten! Wo habt ihr das her?«

»Vom großen Fahrradcenter aus der Innenstadt. Mein Sohn soll ja vernünftig zur Schule fahren können, wenn es bald losgeht. Ich hab's letztens nach der Arbeit besorgt und in der Werkstatt gelagert.« – »Danke, Papa! Danke, Mama! Einfach krass.«

Slavik Junge fährt ab sofort mit nagelneuem Fahrrad durch den Block. So komplett weißes Mountainbike. Weiß eh beste Farbe und mit mehr Gängen als der Palast von kirgisischem Präsidenten, Blyat. Und Felgen sind so groß wie n Riesenrad. Ist grade von Papa ins Wohnzimmer gerollt worden. Pizdez, ich musste sogar Augen verbinden lassen. Fifty Shades of Slavik oder was? Doch hat sich gelohnt, die Spannung. Jetzt kann Tour de Kirgistan kommen. Aber Abstand von diesen engen Profishirts mit komischen Helmen und Sonnenbrillen. Radprofis sehen aus wie Mischung aus Kakadu und Hummel, jobani vrot.

Endlich muss ich nicht mehr mit diesem Schrottding rumfahren, das Samat irgendwann mal beim Saufen abgezogen hat. Blyat, Felgen davon sind krummer als Bumerang. Kann ich auch gleich mit Einrad fahren wie

35

Zirkuskünstler. Das wäre sicherer, jobani vrot. Jetzt kann ich auf jeden Fall schön n Dicken machen hier.

Bin jetzt offiziell der mit dem heftigsten Fahrrad in unserer Siedlung. Pizdez, damit bei Mädchen ankommen ist wie S-Klasse. King Slavik fährt vor und lädt ein zur Spritztour. Dowajst schon, was ich meine. Hab natürlich keinen Gepäckträger, bin ja kein Postbote, Blyat. Mädchen können auf dem Lenker vorne mitfahren.

Mit dem Fahrrad bin ich auch schnell weg, wenn Bullen wieder Stress machen. Kann mir schon genau vorstellen, wie ich mit Mädchen Tankstelle überfalle und wir dann flüchten mit Mountainbike, Blyat. Bonnie und Clyde Plattenbauversion. Aber mache ich lieber nicht mit Jamala, die singt zu viel. Und das ist nicht gut bei den Bullen. HAAA!

Vor den anderen Jungs und Mädchen im Block darf ich aber nicht so die Freude über Fahrrad zeigen wie vor meinen Eltern. Es geht um die Einstellung, Blyat. Zum Beispiel Bill Gates hat auch gesagt, wenn du keinen Erfolg hast, musst du einfach so tun, als ob du Erfolg hast. Und so ist das auch mit Slavik. Ich muss das einfach als normal hinnehmen mit krassem Mountainbike, meine Freude bisschen unterdrücken und dann in Zukunft wird das wahr sein, dass Slavik nicht nur weiße Fahrrad-S-Klasse fährt, sondern irgendwann auch richtige weiße S-Klasse. Deswegen trag ich ja auch Uhr von Rolex-Hassan, und irgendwann dann echte Roli. Du musst wie ein Mann immer so tun, als ob das normal ist. Da kannst du einfach keine Gefühle zeigen, weil du musst immer cool bleiben.

36

Stell dir vor, ich wäre wegen Fahrrad am Kreischen wie bei MTV Sweet Sixteen. Peinlich, jobani vrot. Aber bisschen rumflexen jetzt geht natürlich. Ednan hat auch gut Schnapp gemacht heute. Jebat, so viel Zeugnisgeld hat der noch nie bekommen. Er macht jetzt locker einen auf Donald Trump. Über den Lauch haben wir letztens Doku gesehen im Fernsehen. Der ist so n Unternehmer und einfach Milliardär, Blyat. Wenn ich so viel Para hätte, würde ich mir USA kaufen und Präsident werden.

Generell ist geile Stimmung heute Abend bei uns. Papas Werkstatt läuft gut grade und alle haben Bock auf Sommer. Mama hat sogar Antipasti geholt. Einen auf italienische Filme. Passt ja zu mir, ich bin ja Mafia. HAAA! Papa hat endlich mal pünktlich Feierabend gemacht und Baytok hat jetzt auch Urlaub von der Ausbildung, aber ist mit Lena bisschen zu spät gekommen. Wahrscheinlich, weil sie vorher spät gekommen ist. Dowajst schon, was ich meine. Da musste G-Punkt erst mal wie Atlantis entdeckt werden. HAAA!

Fahrradgeschenk für mich war die Krönung von Familienabend. Stimmung hier wie bei Happy End von Serie. Kirgisische Simpsons. Und ich weiß auch schon, wie ich Bizness mache mit neuem Fahrrad. Frrrrrr. Die Geldzählmaschine in mein Kopf rattert schon. Direkt morgen nach dem Aufstehen Asmalbek vorschlagen.

»Ey, Asmalbek, biste schon wach? Asmalbek, davaj, ich muss dir was zeigen!« Einfach Sturmklingeln auf Amok. Endlich macht er die Tür auf. Seine schwarzen Haare stehen in alle Richtungen. Pizdez, er hat noch hellblauen Bärchen-Schlafanzug an und reibt sich die Augen. Ich mag Asmalbek echt gerne, aber er muss mal anfangen, in Boxershorts zu schlafen.

»Debil, bist du dumm, Alter? Was klingelst du hier um sieben Uhr morgens? Meine Eltern sind wach geworden wegen dir.« – »Bratan, warum soll ich nicht früh klingeln? Ich dachte, die sind Paul abholen vom Flughafen.« – »Ja, heute Abend, du Idiot. Blyat, was willst du überhaupt?« – »Woher soll ich wissen, dass die erst heute Abend weg sind? Musst du mir auch sagen. Selbst schuld. Ey, ich hab zu heftiges Geschenk bekommen. Zieh dir was an und komm dann runter, ja? Und lass mal endlich sein mit diesen Pyjamas. Siehst aus wie nach Teeparty mit Kuscheltieren, jobani vrot. Wir gehen doch nicht mehr in Kindergarten.« – »Debil, beruhig dich mal. Ich komm gleich, muss noch eben frühstücken.«

»Was frühstückst du?« – »Wie, was frühstücke ich?« – »Ja, Valera, was frühstückst du? Frage ist nicht so schwer.« – »Cornflakes, wieso?« – »Valera, du musst noch viel lernen von Slavik. Du musst Smacks essen. Danach riecht Pisse nach Honig, vertrau mir. Sollte man auch mal dem Junkie ausm Vierten sagen, der immer in Fahrstuhl pisst. Davaj, bis gleich.«

Pizdez, dass man die Leute immer zu ihrem Glück zwingen muss. Der frühe Slavik fängt den Wurm. Muss man halt auch mal in den Ferien früh aufstehen für Bizness. Das Leben ist kein Zuckerschlecken. Außer für Mädchen, wenn Slavik Chupa Chups verteilt. HAAA!

Blyat, der Scheißfahrstuhl braucht wieder hundert Jahre. Seit zwei Jahren sagen die, der Fahrstuhl wird neu gemacht, weil der ist langsamer als Handynetz in kirgisischer Steppe, jobani vrot. Dazu noch dieser Pissegeruch. Bah. Samat hatte zwischendurch Idee und immer Duftbäume in Fahrstuhl aufgehängt, wenn er zu Besuch kam. Hatte einmal fünfundzwanzig Stück, nachdem er in Baumarkt war.

Endlich ist der Fahrstuhl da, jobani vrot. Jetzt nur kurz von oben Mountainbike holen und dann runter, auf Asmalbek warten. Dann wird Patte gemacht.

»So, wo ist jetzt dein tolles Geschenk?« – »Debil, hab mal nicht so schlechte Laune, sind Ferien. Und steh da nicht rum wie Mammut, komm mit um die Ecke, da steht's … Davaj, komm jetzt! So … Und was sagste?« – »Poooah, Bratan, ist das deins, Alter?«

Blyat, endlich ist Asmalbek auch mal wacher. Das Mountainbike wirkt wie Espresso bei dem. Wird auf einmal ganz zappelig. Wie Mädchen, wenn Slavik Junge übern Weg läuft. HAAA!

»Normal ist das meins. Denkst du, ich mach so Ansage und zeig dir dann ne Steinschleuder, oder was? Blyat, erstens ist das Fahrrad gut für Mädchen klären, und zweitens mach ich ab sofort Bizness mit Fahrradverleih. Die anderen wollen eh alle damit fahren, aber ich mach nicht gleichen Fehler wie bei Cola-Bizness, dass ich erst verschenke, Blyat. Halbe Stunde fahren kostet fünf Som. Und wer Kratzer reinmacht, wird direkt gefetzt. Das jetzt über die kompletten Sommerferien. Ganzer Block wird Stammkunde, Blyat.«

»Bratan, geile Idee, aber dann bekommst doch wieder Ärger von deiner Mutter, oder?« – »Was bist du so n Schisser, Blyat? Papa ist bei so Bizness auf meiner Seite, passt schon. Und wenn Paul wieder übelst viele Überraschungseier und die anderen Süßigkeiten aus Deutschland mitbringt, dann können wir die auch noch verticken. Bringt der mit?« – »Normal, hab' ich ihm gesagt.«

Killer, Paul bringt wieder Überraschungseier mit. Er ist der zehn Jahre ältere Cousin von Asmalbek und lebt in Deutschland. Tante und Onkel von Asmalbek sind nach Berlin gegangen, als Sowjetunion zerfallen ist wie Kartenhaus. Eigentlich heißt er Pavel, aber weil er in Deutschland aufgewachsen ist, nennen ihn alle Paul. Er kommt manchmal zu Besuch und hat immer Süßigkeiten dabei und das neueste Handy. Deshalb muss ich immer dafür sorgen, dass Samat davon nichts mitbekommt. HAAA! Und Paul weiß alles über PCs. Richtiger Freak, Blyat.

»Ja, geil, dann steht der Plan doch. Wir machen Fahrradverleih zusammen und wir verticken deutsche Süßigkeiten. Glaub mir, Bratan, dann sind wir reich am Ende von Sommerferien. Und dann kaufen wir uns miese Klamotten auf Osch-Basar, jobani vrot. Für ersten Schultag. Blyat, wir werden ankommen wie die Kings.«

Ich bin absolut motiviert und haue Asmalbek auf die Schulter. Der guckt noch skeptisch, aber ich hab's schon genau vor Augen. Wir werden zur Schule kommen mit weißen Jogginganzügen und gefakter Gucci-Sonnenbrille. Ich mit meinem Mountainbike und Asmalbek mit … naja, mit seinem Fahrrad halt. Kann ja nicht jeder S-Klasse haben. Hab jetzt schon Bock auf ersten Schultag, Blyat.

5
SCHULE REINGESCHISSEN

Pizdez, hier wollte ich eigentlich Schulzeit erzählen, doch
Kapitel ist Müll geworden, jobani vrot. Ist mir aber pohui,
Schulzeit war eh reingeschissen. Aber bin irgendwie fast
bis Hauptschulabschluss gekommen. HAAA!

6
BLYAT

Blyat, denkst du ganze Schulzeit ist nur ein Kapitel, oder
was? Davaj, blätter weiter!

7
FLEISCH FÜR DEN SUMORINGER

»Slavik! Slavik, hier spielt die Musik, bitte.« – »Jo, sorry,
Herr Krappel. Davaj, ich pass jetzt auf.« – »Du weißt doch,
du darfst dir nicht mehr viel erlauben. Versau's dir nicht,
so kurz vor dem Abschluss. Vier Wochen noch, dann
hast du das hier hinter dir. So, wo waren wir grade stehen
geblieben? Also, Kohlenwasserstoffverbindungen …«

Kohlenwasserstoffbla, dies das. Blyat, wen juckt das?
Als ob ich verrückter Professor werden will. Mit so Rea-
genzglas und Haare sehen aus wie Zuckerwatte, wenn
alles in die Luft geht, jobani vrot. Und Pulver im Gesicht, Blyat, dass man denkt, ich bin Schornsteinfeger.
Bringt mir dann auch nichts, wenn ich in Chemie todes-
schlau bin. Mit dem Wissen fickt man auch nicht mehr.
Oder hast du schon mal eine geklärt mit Spruch über
Stickstoff? Außerdem eh spannender, was draußen abgeht. Ich kann von hier einfach ein Eichhörnchen sehen,
das den Plattenbau neben der Schule hochklettert. Locker
fünfzehn Meter hoch jtm. Debil, was ist mit dem? Lebens-
müde, Blyat. Eichhörnchen auf Testo. Je mehr Testo
besser, sag ich ja immer. HAAA! Slaviks Weisheiten. So
klettert auch Slavik Junge zu Weibern hoch. Oder runter,

wenn ihr Freund nach Hause kommt. Dowajst schon, was ich meine. Weil in Schrank passe ich nicht, bin ja selbst einer. HAAA!

Nur einmal hat Chemie mir was gebracht. Hatten so Experiment mit irgendnem Pulver gemacht, mit kleiner Explosion, wenn man anzündet. Hab ich bisschen was von geklaut nach Unterricht und heimlich in die Scheißpfeife gestopft von Herrn Lämpel, dem Hurensohn, Blyat. Herr Lämpel schlimmster Lehrer von ganzer Schule, jobani vrot. War von Anfang an gegen mich. Labert immer was von Beschluss und dass Mensch was lernen muss, Blyat, aber schreit einen nur an und verteilt Noten wie bei Lottoziehung jtm. Deswegen die Rache mit Pulver in der Pfeife. Die raucht der in jeder Pause, jebat, kommt der von Piratenschiff, oder was? Wer raucht heute noch so komische Pfeife aus Holz? Wie Sherlock Holmes, Blyat. Ganzer Schulhof stinkt dabei immer schlimmer als Deoroller von Samat. Gab dann kleinen Knall bei meiner Pulveraktion, als er in Pause geraucht hat. Sein Gesicht sah aus wie Shishakohle und jooob, war der sauer, Blyat.

Randall, der kleine Bastard, mich natürlich verpetzt. Sonst verpetzt mich aber keiner, Slavik Junge ist immer beliebt gewesen auf der Schule, außer bei Lehrern und Randall. Mädchen finden mich alle süß und Jungs haben Respekt vor mir. Nur Randall nicht, weil er Sonderstatus hat als Ami. Dieser Wichser macht hier nur ein Jahr Austausch aus USA, aber hat mich jetzt schon hundert Mal verraten. Richtige Snitch, Blyat. Aber ich kann den ja nicht fetzen, der geht grade mal in die neunte Klasse und sieht aus wie Garnele. Und Haie fressen keine Garnelen. Pizdez, das kann ich nicht bringen.

Hab ihm an seinem ersten Tag direkt Spruch auf Schulhof gedrückt, dass seine Haare gleiche Farbe haben wie die Haut von Donald Trump. Fand Randall nicht so lustig. Seitdem verpetzt der mich bei jeder Scheiße, Blyat, sogar als ich Denise aus der Parallelklasse auf dem Mädchenklo weggehauen hab. Randall hat uns heimlich beobachtet und dann verraten bei Frau Mahlzahn. Die ist genauso schlimm wie Lämpel und sieht aus wie Drache. Randall war eh nur neidisch, weil der nicht bumst, jobani vrot. Wer will schon mit nem 31er zusammen sein?

Und falls du dich jetzt fragst, wer Denise ist und was mit Jamala und Iroda und so passiert ist: Schnee von gestern. Blyat, wie Koksreste auf Discotoilette. HAAA! Slavik Junge hat schon früh erkannt, dass Monogamie nichts für ihn ist. Weil wie viele Frauen hat Löwe? Viele. Und Sultan? Auch viele. Nur Lauchtiere wie Biber haben ganzes Leben eine Partnerin. Aber Slavik Junge ist lieber Löwe statt Biber und lässt sich von verschiedenen Kätzchen verwöhnen. HAAA!

Zurück zum Thema. Einziger korrekter Lehrer an der Schule hier war immer Herr Krappel, kann man nichts sagen. Setzt sich für die Schüler ein. Und der ist auch stabiler Bratan, hat locker 44er-Bizeps. Richtiger Discopumper, so muss das. Hat mich auch gerettet nach Pfeifenaktion bei Lämpel. Ohne Krappel wäre ich schon geflogen, Blyat.

»Slavik? Slavik, was ist denn heute wieder los mit dir? Bleib nach der Stunde bitte einmal kurz hier.« Blyat, schon wieder nicht aufgepasst. Ging grade Hanna aus der Parallelklasse am Fenster vorbei. Gute Arsch diese. Form wie Pfirsich. Obsthändler Slavik.

Obsthändler mit Händchen für Sängerinnen. Hanna singt bei VIA Gra, so ner Mädchenband. Aber heute mache ich sie zum Groupie. HAAA! Hab Date mit ihr zum Rauchen in der Pause und sogar extra Marlboro besorgt dafür von Samat. Jetzt muss ich wieder mit Krappel labern und komme zu spät zum Date jtm.

»Sie wollten mit mir sprechen?« – »Ja. Slavik, ich weiß, dass du kein Bock auf Chemie hast und mir ist das auch ziemlich egal, ich gebe dir deine paar Punkte, aber bei den Kollegen hast du keinen guten Stand. Reiß dich noch ein bisschen zusammen und mach deine Eltern stolz mit dem Abschluss. Und überleg dir vielleicht mal irgendwas, was du noch als Wiedergutmachung für die Pfeifensache machen kannst. Und jetzt ab in die Pause, viel Spaß mit Hanna.«

Herr Krappel zwinkert mir zu. Blyat, der kriegt echt alles mit, der Fuchs. Und jedes Mal packt der mich mit Stolz von meinen Eltern. Ich muss mir später was Krasses ausdenken auf jeden Fall.

»Jooob, Bratan, ich hab's, das wird zu geil!« Pizdez, endlich hab ich ne Lösung. Seit ner Stunde mach ich mit Asmalbek Brainstorming wegen der Wiedergutmachung. Wir sitzen auf ner Parkbank im Block und fressen Semetschki. Pfütze aus Rotze vor uns ist größer als Yssykköl-See, Blyat. Vermischt sich mit den Semetschki-Schalen auf dem grauen

Beton. Tfu, erst mal noch Gelben in die Pfütze reinrotzen. Fast Asmalbek getroffen.

»Debil, spuck doch nicht so nah an mich ran, die Schuhe sind grade neu von Osch-Basar. Was'n deine Idee jetzt?« – »Valera, du weißt doch, Sinnker ist übertriebener Fleischfan, weil ist auf Bauernhof aufgewachsen und Vater von ihm hat eigenen Schlachthof. Sinnker grillt voll gerne, deswegen machen wir Grillfest für den Abschlussjahrgang und ich organisier alles.«

Herr Sinnker ist der Direktor von unserer Schule. Noch fetter als Onkel Samat jtm. Der bindet sich locker Tischdecke als Serviette um. Bei dem dreht sich alles nur um Fleisch, Blyat. Frisst mehr Wurstbrote als Lkw-Fahrer.

»Klingt geil, aber wer soll das alles bezahlen, Blyat?« – »Bratan, ich mach das schon. Onkel Samat kann alles besorgen, solange es existiert. Der soll einfach Fleisch und so holen. Wir nehmen bisschen Eintritt und Einnahmen spenden wir an Schule. Du kannst dich um Getränke kümmern. Denk an genug Wodka, dann klappt auch mit Massagieren bei dir mit dieser Valentina nach Grillparty. Damit das endlich mal was wird bei euch.«

Hat mein Gehirn mal wieder genialen Plan entwickelt. Slavik rettet die Welt. Sumoringer Sinnker kriegt sein Fleisch und vom Geld können die endlich mal neue Spielsachen für Fünftklässler holen, Blyat. Vor Kurzem musste sogar einer Glasauge von seinem Opa mitbringen, damit die genug Kugeln für Toguz Korgol haben.

Ich ruf direkt bei Onkel Samat an. »Kannst du Fleisch klarmachen? Und Würstchen und so? Ich will Grillfest machen für die Schule. Ich sag dem Direktor dann einfach, du bist mit nem Metzger befreundet.« – »Ja, klar. Soll ich auch veganes Zeug besorgen für die Ököclique?«

Blyat, Samat hat recht. Gar nicht dran gedacht. Seit ein paar Leute aus dem Jahrgang ein Praktikum bei dem einzigen Start-up von ganz Bischkek gemacht haben, sind die auf einmal Veganer geworden, pizdez. Locker erste Veganer in komplett Kirgistan. Hast du schon mal veganen Nomaden gesehen? Soll der dann Bäume jagen, Blyat? Die trinken auch nur noch Smoothies seit dem Praktikum. Eine Flasche davon ist teurer als Uhr bei Rolex-Hassan, jobani vrot.

Außerdem sind Smoothies nach Ostblock-Art eh gesünder: Braucht man nur eine Zwiebel, Knochblauchknolle, Chilischote, Löffel Wasabi-Paste und als Geheimzutat eine Zigarette dazu. Alles in Mixer werfen und noch halbe Flasche Wodka reinkippen. Fertig. Schmeckt am besten zu Pelmeni.

Ostblock-Smoothie vertreibt auch Haustiere, die man im Arschloch hat. Wie bei Baytok mit Würmern, als er kleiner Junge war. Nach Ostblock-Smoothie waren Würmer weg, Blyat. Am besten mit Bier nachspülen. Arschloch kann man sich auch noch bisschen einreiben mit dem Smoothie, ist dann wie Türsteher am Eingang. Dr. Slavik Junge weiß Bescheid. Behandelt aber nur Frauen. HAAA!

Aber auch so typisch, dass Samat das wieder weiß mit den Veganerinnen, seit der bei einer mitgefrühstückt hat.

Hat die Mutter von der einen massagiert. Ich weiß nicht wie, aber er klärt ständig Mütter bei Schulveranstaltungen, jobani vrot. Obwohl der Wampe hat, die groß ist wie Jurte. Aber Samat kann einfach charmant sein wie Talk-showmoderator, Blyat. Charme liegt in der Familie. Deswegen war auch die Veganermutter beim Winterball geil auf ihn. Ist direkt auf Großwildjagd gegangen. Erfolgreich. Nilpferd wurde erlegt. HAAA!

»Slavik, ich muss sagen, das ist eine hervorragende Idee. Wenn das Grillfest glatt über die Bühne geht, ist die Sache mit der Pfeife endgültig vergessen. Nur ob Herr Lämpel kommt, da wäre ich mir nicht so sicher.«

Sinnker lacht in seinem Bürostuhl und ist nach drei Sekunden aus der Puste.

»Wenn dein Onkel einen guten Metzger als Freund hat und alles besorgen kann – perfekt. Mein Vater schafft ja nicht mehr solche Mengen, aber ich denke, ein paar Hammelstücke kann er auch bereitstellen. Nichts gegen den Freund deines Onkels, aber mein Vater macht nun mal das beste Schaschlik in Bischkek. Und die Idee mit den Spenden für die Schule zeigen doch, dass du das Herz am rechten Fleck hast.«

»Sehr gerne, Herr Sinnker. Es wäre mir eine Ehre, wenn Ihr Vater ein paar Schaschlik-Spieße zubereiten kann. Er soll sich aber auch nicht unnötig abschuften im Herbst seines Lebens.« – »Ach, Slavik, das macht er sicher gerne. Bei Fleisch kann er nicht Nein sagen! Dann halte mich auf dem Laufenden mit den Planungen.« – »Mache ich, Herr Sinnker. Ich freue mich schon auf das

Schaschlik Ihres Vaters. Einen schönen Tag noch, Herr Direktor!« – »Dir auch, Slavik.«

Blyat, kein Schwanz will dieses Kackfleisch von seinem Vater essen. Pohui, der Sinnker ist dabei und ich kann endlich aus seinem stinkenden Büro raus. Sinnker die ganze Zeit Käsebällchen gefressen, jobani vrot. Jetzt noch alles organisieren und dann kann nichts mehr schiefgehen. Slavik Junge hat's mal wieder geregelt.

8
ALLES LUTSCHER AUSSER SLAVIK

»Bis zu den Prüfungen will ich dich hier nicht mehr sehen, hast du das verstanden?! Bedank dich bei Herrn Krappel, dass du die überhaupt noch mitschreiben darfst! Und denk dran: Ich habe dich auch außerhalb der Schule die ganze Zeit im Blick. Wenn du auch nur bei Rot über die Ampel gehst, war es das. Und jetzt ab nach Hause mit dir. UND NIMM DAS SCHEISSKAUGUMMI RAUS, WENN ICH MIT DIR REDE!«

Blyat, das heißt immer noch: Zieh den Rucksack aus, wenn ich mit dir rede. Pizdez, er regt sich auf wegen Kaugummi. Ist bestimmt nicht gut für Blutdruck, wie Sinnker ausrastet. Kann ihn aber auch bisschen verstehen. Hab Grillfest etwas verkackt. Zwölf Leute im Krankenhaus, Blyat. Lebensmittelvergiftung. Eigentlich hat Onkel Samat verkackt und nicht ich. Das juckt Sinnker aber nicht, ich bin jetzt suspendiert.

Aber besser hätte es nicht laufen können. Hätte safe gedacht, ich flieg von der Schule. Krappel echt bester Mann. Mich irgendwie noch gerettet. Jetzt hab ich frei und kann trotzdem Abschluss machen. Das ist Karma. Woher sollte ich auch wissen, dass Samat Gammelfleisch besorgt? Blyat, soll ich Fieber messen von Schaschlik-Spieß? Mit weißem Kittel wie Chefarzt in Porno, jobani vrot.

Lief bis auf das Gammelfleisch auch alles gut. Ganzer Jahrgang war am Start, wollten Slaviks Party natürlich nicht verpassen. Auch viele Mütter dabei gewesen. Fand Samat super, der hat direkt doppelt zugeschlagen. So wie ich bei Stress im Club. HAAA!

Gab auch so Grillgemüse und selbstgebackenes Baguette von meiner Mutter. Nach dem Baguette roch man zwar aus Mund wie Knoblauchpresse, aber war mir pohui. Damit kann man vielleicht Vampir in die Flucht schlagen, aber nicht Slavik Junge. Sogar Lämpel ist gekommen. War noch bisschen schlecht gelaunt am Anfang, aber irgendwann waren eh alle hacke, und dann hat er sogar an E-Shisha gezogen wie Staubsauger in Waschanlage. Haben wir ihm empfohlen statt Mittelalter-Pfeife. Samat hat ihm direkt E-Shisha-Set für ganze Familie verkauft, Blyat.

Für alle lief es baba. Asmalbek hat endlich Valentina geklärt, aber zu Hause dann kurz vor Ziellinie Motorschaden bekommen. Dowajst schon, was ich meine. Zu besoffen, Blyat. Auch kein Viagra da. Stattdessen durfte er dann ihre schwarzen Haare halten wie Friseur. Valentina mies am Kotzen. Asmalbek dachte einfach wegen zu viel Wodka, aber ging dann zwei Tage so weiter und dann kamen immer mehr Beschwerden bei Sinnker an und dann war reingeschissen. Gammelfleisch-Skandal iz da. Ist schon der zweite an unserer Schule. Der erste ist Sinnkers Wampe. HAAA!

Hätte Samat mir auch mal sagen können, dass er das Fleisch von irgend so nem Laster nachts auf Autobahnraststätte geholt hat. Er meinte, der hatte nicht mal Kennzeichen, Blyat. Voll seriös aber. Kann ich auch gleich Fische auf den Grill tun aus dem Bach hinter unserem Plattenbau, wo alle immer ihren Müll reinkippen.

Als Kinder haben wir immer ganz oben am Fluss reingekackt. War schöne Überraschung für die Leute weiter unten. Sollte man besser keine Wäsche waschen, wenn man nicht braune Klamotten haben wollte. HAAA! Die Fische da sahen aus wie aus Tschernobyl, Blyat. Halb Fisch, halb Taube.

Einer ausm Block hat als kleiner Junge mal drin gebadet und kann jetzt keine Kinder bekommen. Die Ärzte glauben wegen dem See, jobani vrot. Deswegen muss man auch immer weit genug wegstehen, wenn man reinpisst. Eier vor Strahlung schützen.

Sollen sich aber auch mal alle nicht so anstellen wegen paar Bauchschmerzen. Wir kommen doch ausm Block, Blyat. Haben genug Scheiße gefressen. Sind abgehärtet. Jedenfalls hab ich jetzt bis zu Prüfungen frei und kann mich um Bizness kümmern.

Momentan läuft gut mit Waagen-Bizness. Nicht zu verwechseln mit Wagen-Bizness von Papa. HAAA! Blyat, das geht so: Asmalbek hat uns Waage mit Analysator gemacht, die immer ein Kilo weniger anzeigt. Genau pünktlich, kurz vorm Sommer. Jetzt machen alle wieder Sport, damit die am Yssykköl nicht aussehen wie gestrandeter Wal mit Cellulite.

Asmalbek und ich stehen jetzt immer mit der Spezialwaage neben dem Sportplatz, wo alle joggen. Einmal wiegen kostet fünf Som. Am nächsten Tag wiegen die sich wieder, um zu schauen, ob sie über Nacht abgenommen haben, sehen huyak ein Kilo weniger und kriegen gutes Gefühl und zahlen am nächsten Tag wieder fünf Som, um sich zu wiegen. Spricht sich rum. Ich verkaufe denen die Freude am Abnehmen. Die nehmen natürlich nicht wirklich ab, aber das wissen die ja nicht. Bin doch kein Fitnesscoach, Blyat. Ghettoworkout und immer Pelmeni reicht auch für 44er. Deswegen verkaufe ich nur die Freude. Hat Steve Jobs schon gesagt. Sollst Träume verkaufen und nicht Produkte. Das nutze ich gerne aus. Ihr Slavik Junge. HAAA!

Ist nicht das erste Mal, dass ich Placebo-Effekt nutze. Letztes Jahr haben wir Petuschok-Lutscher kleingerieben und auf Technoparty als rotes Spezialkoks aus Moskau verkauft. Blyat, die Leute sind am Rad gedreht, wie wenn Scooter auf Russenparty läuft. Als hätten die sich Energydrink direkt in Herz gespritzt. Diese Geisteskranken, jobani vrot. Sobald Technohörer ihre anstrengende Mucke fühlen, zeigen die mehr Emotionen als Konstantin Stanislawski. Pizdez, dabei waren das einfach Lutscher. Wie alle anderen Jungs im Vergleich zu Slavik. HAAA!

Blyat, Zeit ist Geld, weiß man doch. Jede Stunde ohne Waagen-Bizness ist eine verlorene Stunde. Bei Staubsaugervertretung letzten Sommer auch. Da hab ich Staubsauger für Samat bei so ner Hausfrau im Nachbarsviertel verkauft und am Tag vorher richtig eklig gesoffen. Deswegen wollte ich zack, zack machen und nicht groß Service mit Erklären und so, sondern nur schnell rein, bisschen labern für gutes Gefühl, Smalltalk und dann nach Hause, damit ich scheißen kann. Pizdez, weil jeder weiß, Wodischiss ist das Schlimmste.

Was war natürlich? Die war die einzige Kundin im ganzen Universum, die geil auf diesen Service war.

Bin ich da am Arbeiten, hin und her, und dann konnte ich nicht mehr aufhalten. Dachte ich mir, mache ich einfach nen kleinen Schleicher. Kam raus. Blyat, musste fast kotzen. Deswegen schnell behauptet, dass ich Staubsaugerrohr überprüfen muss, angemacht und den Furz ganz gut weggesaugt. Aber in meinem Magen sah ja immer noch aus wie mit Pürierstab durch nasse Blumenerde gegangen. Meinte ich, ich muss mal kurz für kleine Jungs, aber die wusste natürlich nicht, was sie erwartet. Sitze ich da aufm Klo und lade ab und jobani vrot, als mein Druck erst mal weg war und ich zehn Kilo leichter, hab ich erst recht gerochen, was da passiert ist.

War wirklich kein Spaß mehr, einfach krank. Mischung aus Wodka und der Chili con Carne von Tag davor. Und weißt du, was die Scheiße war? Da waren einfach nur so kleine Glasbausteinfenster statt richtige Fenster, wie Bunker da gewesen. Also hab ich versucht, das wegzuriechen und durch meine Nase selbst zu filtern, aber ging nicht weg, jobani vrot.

Als wäre das nicht genug, pizdez, hatte die nicht so Toilette, wo Scheiße direkt ins Wasser fällt, sondern Toilette mit Tablett. Bei Toilette ohne Tablett spritzt zwar immer ganzes Wasser an Arsch und man hat nasse Arschhaare, aber wenigstens ist die Patrone dann untergetaucht und sorgt nicht mehr für Geruchsverseuchung. Und bei mir war eh Atombombe und nicht nur Patrone. Die lag dann da serviert auf Tablett. Spülung hatte auch kaum Druck und Scheiße ging nicht weg. Ich wollte den Geruch neutralisieren mit Zigarette, dann ging auch noch Rauchmelder an, Blyat. Hab fast Herzinfarkt bekommen, Alter. Dann war Gestank und Tinnitus. Musste ich noch auf die Klobrille klettern, um Rauchmelder auszumachen. Die Frau hat schon gefragt, was da los ist. Meinte ich, ein kleines Lüftchen habe ich rausgelassen, deswegen der Rauchmelder. Haben die alle gelacht da im Wohnzimmer bei ihrem Kaffeekränzchen.

Naja, aber die Scheiße lag da immer noch und ging auch nicht weg. Pizdez, bin dann einfach raus, meine Sachen zusammengepackt, ihr gesagt, ich hab's eilig und abgehauen. Zum Glück hatte ich nur falsche Nummer gegeben. Wie immer, wenn ich bei Frauen spontan abhauen muss. HAAA!

Ok, sorry, Blyat, ich bin bisschen abgeschweift.

»Slavik, da bist du ja endlich. Du kannst direkt hinten anfangen mit Aufräumen und Putzen. Ich will heute nichts hören von deinen komischen Betrügereien. Nicht in meiner Konditorei. Verkauf mache nur ich heute.«

Blyat, was für Putzen? Einzige, was ich putze, ist meine neue Rolex von Hassan. Wie kann man einen Profi aus seiner Königsdisziplin rausholen? Du lässt Ronaldo ja auch nicht den Rasen mähen vorm Spiel.

»Ah, und guck mal wer da durch die Tür kommt. Papa ist da. Ich habe ihm schon die guten Nachrichten übermittelt.« – »Na, mein Junge, du hast auch mehr Glück als Verstand. Am Wochenende soll gutes Wetter werden. Wir machen einen Männerausflug zum Yssykköl. Du, deine Brüder und ich. Damit du mal n bisschen hier rauskommst!«

9
DATE-DOKTOR AM YSSYKKÖL

Neben uns fährt einfach Leichenwagen, Blyat. Aber könnte auch mobile Shishabar sein, so wie das beleuchtet ist und mit den Vorhängen. Vielleicht war letzter Wille von dem Bratan Doppelapfel. Ich hoffe, er hat Eisschlauch dabei auf seiner letzten Reise. Falls es in die Hölle geht. HAAA!

»Papa, wie lange noch?« – »Eine halbe Stunde. Und jetzt frag nicht ständig wie ein Kleinkind.« Pizdez, Baytok so nervig. Fragt öfter, wie weit noch ist bis Yssykköl, als dass er sich fragt, wie lang ist noch bis zu vernünftigem Gehalt. Muss mal Prioritäten setzen, jobani vrot.

»Blyat, bist du neun, oder was? Guck doch einfach aufs Navi amk.« – »Halt's Maul, Slavik! Die Krümel auf der Rückbank sind leise, wenn der Kuchen spricht.« – »Wenn du Kuchen bist, pass lieber auf, dass Samat dich nicht bald frisst.« Da muss sogar Baytok lachen, obwohl er es hasst, wenn ich dicke Fresse zu ihm habe. Aber heute ist eh keine Gefahr, dass Samat ihn frisst. Papa hat ihm verboten, mitzukommen, jobani vrot. Hat Angst, dass der wieder Scheiße baut und ich dann mit drinhänge und komplett von Schule fliege.

Von Seite kommt Ednan mir immer näher mit seinem Mundgeruch. Hat krassere Fahne als Marianne auf Freiheitsgemälde. Pennt die ganze Zeit und knickt weg wie Singlebändchen bei ner Ü40-Party. Dem läuft Sabber aus dem Maul wie Hund mit Ball in der Fresse. War gestern noch auf Blockparty. Ich durfte nicht wegen Schulärger, obwohl ich schon achtzehn bin.

»So, Jungs wir machen noch mal Pause. Baytok, du fährst gleich den Rest.« – »Endlich, Alter, dann konzentriert der sich mal und hält sein Maul.« – »Junge, was willst du eigentlich? Mach erst mal deinen Führerschein.« – »Was für Führerschein? Ich hab dir schon hundert Mal gesagt, Fahrschule ist wie normale Schule, hat beides nichts mit realem Leben zu tun. Hat Dings, Aristoteles schon gesagt.« – »Blyat, wo hat der das gesagt?« – »Ist einfach so, guck bei Instagram auf Faktenseite!«

Wann darfst du überholen? Wann darfst du zweite Reihe parken? Suka Blyat, hat doch nichts mit Realität zu tun. Ich kann dir sagen, warum man vor Kurve bremsen muss, Blyat, damit Shishakohle nicht auf Ledersitze fällt. Und wenn man nach Feiern nach Hause fährt mit Mädchen, niemals Tachonadel in Instastory filmen, sonst wirst du noch gepackt. Kein Verkehrsblock, kein Cockblock. HAAA! Sowas lernt man natürlich nicht auf der Fahrschule. Das sind Dinge, die dich das Leben lehrt. Slavik Junge, der Fahrlehrer.

Jooob, endlich sind wir da. Ednan auch mal wach. Pizdez, sein Gesicht sieht aus wie zusammengeknülltes Taschentuch. »Ednan, hilf mir mal direkt, den Grill aufzubauen. Wer feiern kann, kann auch arbeiten.« Also ich mag Papa echt gerne, aber der Spruch ist so reinge-schissen, jobani vrot. Valera, was das für ne Logik? Ich kann ja auch morgens nicht fliegen, nur weil ich am Abend vorher gevögelt habe. HAAA!

Jooob, Yssykköl ist einfach immer wieder krass. Sonne ballert und überall hübsche Frauen. Hier sieht man nicht nur am Horizont schöne Berge, dowajst schon, was ich meine. Und Wasser kristallklar, wie wenn man Bowl von Shisha gereinigt hat. Jetzt bisschen wie Lammkotelett in der Sonne brutzeln und dann Frauen abchecken. Muss aber erst braun werden, damit ich sagen kann, ich bin reicher Latino, der hier Urlaub macht. Slavik Diego Hernandez Junge. Und nasses Handtuch um Kopf nicht vergessen. Wäre ja peinlich, wenn ich vor Mädchen um-kippe mit Sonnenstich, Blyat. Hatte Ednan letztes Mal. Ganze Zeit Sonne auf seine Schädel geschienen, als ob er Straußenei in sein Gehirn ausbrüten wollte, jobani vrot. Dann plötzlich schlecht geworden und in Sandburg von kleinem Jungen gekotzt. Darf mir nicht passieren. Des-halb Handtuch um Kopf wie Sultan. Kannst unter 0800-Sultan anrufen, wenn du Wünsche hast. Dein Wunsch ist mir Befehl. Hauptsache kein Haftbefehl. HAAA!

»Slavik, sag mal Ednan, er soll sich zusammenreißen. So wird das nichts mit Nummern klären. Ich bin ja raus aus dem Game, weißt du ja.« Baytok tippt auf seinen Ehering. Blyat, schon seit dreizehn Jahren mit Lena zusammen. Das locker die längste Beziehung der Welt. Aber er hat schon recht, Ednan liegt da wie Garnele.

Ist gestern Nacht schon wieder allein nach Hause gekommen.

»Ey Ednan, ich leg mich jetzt ne halbe Stunde hin und dann gehen wir ins Wasser. Und komm mal klar, Blyat, wie lange kann man Kater haben?!« – »Komm du erst mal in mein Alter. Und was soll ich überhaupt sagen zu den Frauen? Meine alten Sprüche ziehen nicht mehr. Einfach ›Hallo‹ sagen?« – »Pizdez, bist du dumm? Coole Leute sagen nicht ›Hallo‹. Pohui, ob bei Frauen oder anderen Lauchs, die dich volllabern wollen. Wenn Lauch auf dich zukommt und Zigarette haben will, musst du das von Weitem sehen und vorher ans Handy gehen und über so Sachen wie Rotterdam, Panama und Ware sprechen. Dann weiß der Lauch, dass du richtig Bizness machst und du ersparst dir schlechten Eindruck. Und wenn du ein Mädchen gut findest, geh hin und sag ›Mashallah, einfach die Hübsche‹.«

Früher haben die mir alles beigebracht, jetzt hat sich Spieß umgedreht. Jetzt bin ich hier der Date-Doktor. Slavik Junge aka Dr. Sommer. Ich helfe aber auch im Winter. HAAA!

»X! Y! Z! Uuund A! B!« – »Eyjksdhsj! Blyat! Slavik! Reicht jshcasu! Ey!« Ednan kann nicht mehr. Der Lauch. Nur einmal Alphabet geschafft. Wir stehen im Meer, ich wollte ihn bisschen wach machen mit ABC-Tauchen. Pro Buchstabe immer Kopf unter Wasser drücken. Rekord halte natürlich wieder ich. Hab achtmal komplettes Alphabet geschafft und dann noch mal bis P. P wie Pizdez. Und Pelmeni. Und Plattenbau. Mein Leben in drei Worten zusammengefasst. HAAA! Fresse nach ABC-Tauchen auch salziger als Nasenspray. Lippen brennen wie die Frauenherzen für Slavik. HAAA!

»Blyat, Ednan, was das auf einmal für ein Schatten vor uns? Siehst du das?« – »Warte, ich muss noch Salz aus Augen reiben … so … jetzt. Blyat, ich hab grade bisschen Angst vorm Umdrehen. Ist das n Wal, oder was?« – »Lass umdrehen auf drei. Eins, zwei, drei.«

»Na Jungs, wie geht's?« Nahui Blyat. Einfach Onkel Samat steht vor uns und brüllt uns ins Gesicht. Dieser Klotz, jobani vrot. Muss aufpassen, dass gleich nicht Japaner kommen und ihn abschießen mit Harpune. »Debil, was machst du hier? Wegen dir flieg' ich noch von der Schule!«

»Ach, bleib mal locker, passiert doch nichts. Ich musste nen Wagen abliefern in der Gegend und wusste ja, dass ihr hier seid. Da dachte ich, ich schau bei meinen Neffen vorbei. Ihr könnt mich dann ja mit zurücknehmen.« – »Hä? Du hast auch nichts gerafft, ne? Blyat, wehe, du baust irgendwie Scheiße. Dann bringt mir auch dein Fernseher nichts. Davaj, lass mal zurück an Strand. Kein Bock mehr jetzt auf Wasser. Papa wird sich freuen.«

Pizdez, das muss so komisch aussehen, wie wir aus dem Wasser kommen. In der Mitte Samat, links Ednan, rechts ich. Die anderen Strandbesucher müssen denken, ist grade Sonnenfinsternis. Gleich haben alle 3D-Brille auf. Ich seh von hier schon Papas Kopf, wie der fast platzt. Rot wie Pomidore.

»Hey, Bruderherz, wie geht's? Ich war in der Gegend und …« – »Sei einfach ruhig, ich will gar keine Erklärung von dir hören. Leg dich hin und halt einfach den Mund. Und klau einmal in deinem Leben nichts, nicht mal ne Muschel. Slaviks Schulabschluss liegt jetzt in deinen fettigen Sucukhänden.«

Pizdez, auch wenn Papa sauer ist, dumme Sprüche bringt er immer. Aber Stimmung jetzt trotzdem auf null wie meine Seiten. Momentan bei mir eh kompletter Kopf auf null, Friseur hat letztes Mal richtig übertrieben. Ich sehe aus wie kirgisischer Caillou in Badehose. Aber eigentlich geil, weil hab gelesen, man muss dem Vater von Mädchen ähnlich sehen, um ihr zu gefallen. Außerdem man sieht immer gleich aus, Frisur geht nicht kaputt. Deswegen kann ich nur empfehlen. Ich nenne das den Slavik-Junge-Vater-Sommerlook. HAAA!

Apropos Mädchen, Ednan und ich müssen mal los jetzt. »Davaj, Ednan, lass mal da hinten zu den Volleyballerinnen gehen. Bisschen Baggern. Und ich meine nicht nur den Volleyball. HAAA!«

»Ja, Blyat, und was soll ich jetzt sagen? Ich bin komplett aus der Übung.« Ednan läuft verunsichert mit seiner hässlichen senfgelben Badehose neben mir her. Der sieht aus wie n Sack voll Pelmeni mit Streichholzarmen. Körperform Birne.

»Pizdez, so wie du heute aussiehst, kann man da eh nicht viel machen. Dann musst du halt mit deinem Beruf punkten.« – »Mit meinem Beruf? Ich hab nen Minijob im CD-Laden, Blyat.«

»Valera, du erzählst natürlich nicht, dass du CD-Verkäufer bist. Sagst du halt, du bist Musikproduzent und hast Kontakte zu Drake. Vladimir aus dem Nachbarblock ist Gabelstaplerfahrer beim Militär. Aber erzählt den Mädchen immer, er ist Düsenjetpilot. Deswegen bist du jetzt Musikproduzent. Und red irgendwas Schlaues von Dreivierteltakt, das kommt gebildet, Blyat.«

»Ednan, Slavik! Kommt ihr bitte zurück? Wir fahren!« Blyat, hätte das Papa mal zwei Minuten eher einfallen können? Wir sind grade auf das Volleyballfeld zugesteuert und ich hatte schon Augenkontakt mit der einen im roten Bikini. Direkt hypnotisiert, jobani vrot. Jetzt müssen wir so dumm umdrehen, als hätten wir uns verlaufen, Blyat. Todesblamage. Jetzt denken die doch noch, wir haben Sonnenstich. Und dann ruft Papa auch noch so nach uns, als wären wir Kleinkinder, amk.

»Was? Warum das denn? Ist doch noch voll früh!« – »Keine Diskussion. Samat hat mir die Laune vermiest, ich habe keine Lust mehr. Bedankt euch bei ihm. Und jetzt kommt zurück, ich will hier nicht über den ganzen Strand brüllen. Wir packen zusammen.«

Blyat, Onkel Samat hat mir schon viel beigebracht und geile Sachen besorgt in meinem Leben, aber in letzter Zeit echt reingeschissen seine Aktionen. So unnötig, dass der zum Strand gekommen ist. Und jetzt sitze ich auch noch auf der Rückbank mit ihm und Ednan zusammengequetscht. Pizdez, das Auto ist richtig tiefergelegt. Kirgisische Pimp my ride. Zum Glück hab ich nicht diese Klausangst, oder wie das heißt. Aber mit Gesicht halb in Samats Achsel hängen ist wie Gesicht in stinkenden Wasserfall halten. Gesichtsmaske nach Ostblockart. Blyat, jetzt ist auch noch Verkehrskontrolle. Steht der Bulle da und winkt wie Tramper. Fehlt nur noch Pappschild. Per Anhalter durch kirgisische Galaxis.

Ich hab automatisch Paranoia. Auch wenn ich nur ganz normal über Bürgersteig gehe und Polizeiauto sehe, denk ich auf einmal, ich hab Dreifachmord gemacht und komm gleich für immer in Knast mit so orangenen Anzug. Diese Paranoia ist einfach ganz normal vorhanden in DNA. Aber davaj, diesmal kann nichts passieren. Papa ist nicht zu schnell gefahren und alle wissen, keiner darf Scheiße bauen, sonst fliege ich.

»Schönen guten Tag, einmal den Führerschein und die Fahrzeugpapiere bitte!«

10
LÖWEN FLIEGEN NICHT MIT SCHAFEN

Was soll ich mit Samat machen, wenn wir hier raus sind? Ihn einfach nur fetzen, bis seine Augen grün und blau sind wie Regenbogenfisch? Pizdez, das wäre schon fast zu langweilig. Debil Blyat, ich bin so sauer, in meinem Kopf spielen sich schon so verrückte Wünsche ab. Normalerweise hätte ich gesagt, einfach nur fetzen, aber jetzt will ich ihn so auf Dauer auseinandernehmen, damit sein Leben gefickt ist. So auf nerviger Basis, dowajst schon, was ich meine. Ich muss mir einfach paar Sachen wünschen und hoffen, dass das Schicksal mir dabei hilft.

Ich hoffe, an sein Ohr kommt ab jetzt jede Nacht Mücke, kurz bevor er einschläft. Und wenn er Licht anmacht, ist die plötzlich weg, jobani vrot, aber sobald er ausmacht wieder da. Ich wünsch ihm auch, dass kein Klopapier da ist, wenn er scheißen geht auf Raststätte, Blyat. Am besten, wenn er Dünnschiss hat von Pulle Wodka. Und er nur E hat, wenn er grade witziges Video bei WhatsApp runterladen will. Jebat, er soll auch auf Legosteine treten irgendwo. Und Pickel bekommen, kurz vor Date mit irgendeiner Mutter. Und ich hoffe, er bleibt mit Fahrstuhl stecken und da ist nur noch eine hübsche

Frau mit drin und er muss übertrieben heftig furzen nach fünf Tellern Schorpo mit extra dick Zwiebeln, und dann platzt die Bombe. Aber wünsche ich der Frau nicht, weil wäre locker tödlich.

Blyat, das alles wünsche ich ihm jeden Tag ab jetzt. Und noch viel schlimmer. Würde ihn auch gerne in Müllschluckeranlage vom Hochhaus bei uns stecken, das haben Baytok und Ednan früher immer mit mir gemacht. Die meinten, das ist Plattenbaukirmes. »Sechzehn Stockwerke lang Spaß«, haben die immer gesagt, Blyat, aber hat einfach todeswehgetan. Das würde ich jetzt auch gerne mit Samat machen, aber dafür ist die Anlage viel zu eng. Pizdez, das ist wie Slavik und ernste Beziehung führen. Es passt einfach nicht. HAAA!

Und warum ich das alles will? Seit zwei Stunden sitzen wir jetzt auf der Polizeiwache im Warteraum hinter so ner Glasscheibe, und es ist immer noch nix passiert, Blyat. Bin mit Papa, Baytok und Ednan in getrenntem Raum von Samat, weil die Bullen haben gemerkt, ist dünnes Eis grade zwischen uns und Samat. Und wenn Fettsack wie Samat sich auf dünnem Eis bewegt, ist nicht gut. HAAA! Am Anfang war er noch mit uns im Raum, aber dann hat Papa ihn gewürgt wie Homer bei Bart und dann war vorbei mit gemeinsamem Raum.

Ich hock mit Ednan aufm Boden, Papa und Baytok gammeln auf der Bank. Von hier unten kann ich die ganze Zeit ne Fliege beobachten, die oben rumfliegt um die Überwachungskamera. Ich wäre grade lieber die Fliege, die hat wenigstens keine Probleme. Kann einfach ihr Fliegending machen. Pizdez, wie einfach ist das Leben als Fliege? Unfair, Blyat.

Debil, die nervt aber auch mies. So fetter Brummer. Richtiger Discopumper, die Fliege. Man hört nichts außer dieser Scheißfliege und den Rasterleuchten an der Zimmerdecke. Sind die ganze Zeit am Flackern. Und der Flur dunkel wie meine Zukunft. Nur ganz am Ende Licht vom Bullenraum. Blyat.

Weil jetzt flieg ich safe von der Schule, jobani vrot. Fühl mich wie Holden Caulfield. Und warum fliege ich? Man will es nicht glauben. Blyat, wegen Angelschnur. Samat hat kurz vor der Abfahrt vom Yssykköl gesagt, er geht noch kurz pissen, und ist dann aber in Angelshop da gegangen. Ich frage mich, warum? Außer Mütter hat der noch nie irgendwas geangelt, Blyat. Was will der mit ner Angelschnur? Zahnseide für besseren Mund, oder was?

Suka, Samat wusste selbst nicht, was er damit wollte, als die Bullen vorhin gefragt haben jtm. Die wussten einfach direkt Bescheid, als die uns angehalten haben, weil kurz vorher Durchsage kam, dass gestohlen wurde in Angelladen. Blyat, wie wenig passiert da, dass sowas gemeldet wird? Richtiger 31er, der Typ, dem Anglerladen gehört. Soll er doch direkt Polizeischutz holen für den Shop.

»Kann ich n Kaffee haben oder so? Hallo? … Ich hab Kater und mein Magen macht auch dick Alarm. Haaallo? … Junge, Baytok, hör auf, so dumm zu lachen!«

»Wie soll man da nicht lachen? Du bist so ne Pussy mit deinem Kater, Alter.«

»Debil, könnt ihr mal beide die Fresse halten? Ich flieg von der Schule und ihr labert über Kater, Blyat. Seid ihr Tierschützer, oder was? Soll ich euch noch Whiskas geben?«

»EY! IST DAHINTEN JETZT MAL RUHE!«, rufen die Bullen aus ihrem Raum. Hier ist außer uns original niemand, jobani vrot. Was dauert das so lange? Einfach seit zwei Stunden nichts passiert. Polizisten labern einfach nur in ihrem Raum. Noch keinen von uns verhört, Blyat.

Letzte Mal, dass ich so lange auf was gewartet habe, war, als im ganzen Haus Heizung ausgefallen ist für 37 Minuten letzten Januar. Klingt erst mal nicht nach viel, Blyat, 37 Minuten, aber ist in Kirgistan wie Ewigkeit. Ostblock-Bootcamp. Macht hart fürs Leben. Heizung lief wieder ganzen Winter vierundzwanzig Stunden am Tag und dann bamm, auf einmal ausgefallen. Nahui, die wollte auch mal Urlaub. Hatten sogar noch Glück, war nur minus zwölf an dem Tag.

Pizdez, ich hatte in den siebenunddreißig Minuten drei Jogginganzüge übereinander an, hab mich gefühlt wie Eskimo. Wollte schon Iglu bauen aus Shishakohlen-stücke. Ohren, Mund, Nase, alles abgefroren. Nasen-wasser auch direkt wieder eingefroren. Eier auch weg jtm. Im Sommer Eier wie Wassermelonen, im Winter klein wie Erdnüsse, Blyat. Aber nicht gesalzen. Außer nach Sport. HAAA!

Hatte überlegt, mit Elektroschocker von Osch-Basar meine Eier wiederzubeleben wie bei Defibrillator, falls die abgestorben wären. So ne Oma ausm Dritten musste von Feuerwehr befreit werden, Blyat, war an Rollator festgefroren. Deswegen darf man im Winter auch nur wie Skispringer scheißen gehen. Pizdez, niemals auf Klobrille setzen, sonst bleibt man hängen. Kennt man ja von Zunge an Straßenschild. Dann erfriert man auf Toilette mit Bremsstreifen und verklebten Arschhaaren, wie ehrenloser Tod ist das, jobani vrot? Kurz überlegt, ob ich auswander, wo es heiß ist, nach Bahamas oder so. Ganzen Tag an Baum schütteln für Kokosnuss und dann schlürfen. Und hinterher noch mal andere Palme wedeln. HAAA!

Debil Blyat, endlich, Alter. Endlich holt der eine Bulle Samat aus der Zelle in den Bullenraum. Der Schwerverbrecher wird abgeführt. Samat vom Angelschnur-Kartell. Plata o Schnur. Pizdez, hoffentlich sagt der, dass ich da nicht beteiligt war. Mit so nem Lappenkartell will ich nichts zu tun haben. Schlecht für mein Image. Weil mein Ruf kaputt geht, net deiner!

Das ging schnell, die kommen schon zurück. »So, dann machen wir hier mal weiter. Wer von Ihnen möchte als Nächstes?«

»Ich.«

»Und Sie sind?«

»Slavik Junge, ich bin der Neffe von dem Mammut da, das sie grade verhört haben.«

»Wie war Ihr Name?«

»Slavik Junge, wieso?« Der Bulle guckt mich an wie Mama, als ich einmal Vier minus in Physik nach Hause gebracht habe. War 26. Mai. Ist seitdem Feiertag bei uns.

»Ähm ... ok, ja, also ... warten Sie noch mal kurz. Ich bin gleich zurück.« Blyat, was ist mit ihm? Will der sich über meinen Namen lustig machen? Der Hurensohn mit seinem komischen Schnurrbart und Halbglatze.

Jetzt ist der schon wieder seit zehn Minuten weg. Da kommt er. »So, Sie können jetzt mitkommen.« Blyat, Schnurrbart-Bulle geht hinter mir, aber ich merk von hier, der ist voll am Zittern, wie wenn man 140 hochdrückt.

Der Bullenraum ist noch hässlicher als unser Plattenbau. Die ganzen alten Regale an der Seite voll mit Dokumenten, die Bretter verbiegen sich schon. Wie Frauen in meinem Bett. HAAA! Sonst nur ne Stehlampe in der Ecke und daneben ein kackbrauner Schreibtisch und ein Bild an der Wand. Der langhaarige Kollege vom Schnurrbart-Bullen sitzt da wie ein richtiger Lauch und ist am Kaffeetrinken und Rauchen. Glaube, meine Kurzhanteln wiegen mehr als der, jobani vrot. Und zittert genauso wie der Schnurrbart-Bulle. Beide auf Parkinson, Blyat.

»Nur damit ihr's wisst, ich hab nichts gemacht da im Angelladen. Müssen Sie auch Sinnker sagen, das ist mein Schuldirektor.« – »Ja, ja, schon gut. Kommen Sie bitte und setzen Sie sich.« Schnurrbart-Bulle rückt mir einen Stuhl zurecht. Pizdez, das Polster von dem Stuhl hat mehr Flecken als Unterhemd von Bauarbeiter. Und die Zähne von Raucherlauch sind gelber als die alten Akten im Regal.

»So, Herr Junge, geben Sie mir bitte einmal Ihren Ausweis ... Danke ... oh mann, es ist wirklich wahr.« Schnurrbart-Bulle guckt meinen Ausweis an und gibt ihn Raucherlauch. Der schüttelt nur mit dem Kopf.

»Sie sehen doch sicher das Bild, das über mir und meinem Kollegen hängt?«, fragt mich Schnurrbart-Bulle. »Ja normal. Das ist Manas, der Bratan.« – »Richtig. Reden Sie bitte etwas respektvoller über ihn. Und wissen Sie auch, wie Manas' Enkel hieß?«

»Sind Sie mein Geschichtslehrer? Sejtek heißt der, dieser Enkel. Muss man doch wissen, als Kirgise. Das Manas-Epos ist das wichtigste Werk von klassischer kirgisischer Literatur. Jahrhundertealte Erzählungen. Manas ist unser Volksheld, hat für uns gegen die Uiguren gekämpft. Da guckt ihr, ne? Der Asi hat was im Kopf.«

Die beiden machen große Augen wie Lemuren, Blyat. »Ähm, ja, nicht schlecht. Scheint ja ein sehr guter Lehrer zu sein.«

»Ja, geht so, hat uns noch nie was über Tippspiel beigebracht.«

»Sie sagten doch, er sei Geschichtslehrer?«

»Mathe auch, deswegen. Ich hatte letztens nen wilden Schein, mit Handicap auf Barca, dann Kiew in letzter Minute noch Tor bekommen, hat ganzen Schein gefickt.«

»Aha, sehr interessant, aber das tut hier jetzt wenig zur Sache. Zurück zum Thema: Wissen Sie, wer hier, in diesem Haus, wo heute die Polizeiwache ist, einst gelebt hat?«

Will Schnurrbart-Bulle mich verarschen? Ist mir doch pohui, wer hier gelebt hat. Ist hier Quizshow, oder was? Pizdez, der stellt mehr Fragen als Arbeitsamt.

»Nein, weiß ich nicht.« – »In diesem Haus hat vor vielen tausend Jahren Sejtek gelebt, der besagte Enkel aus den Manas-Erzählungen. Und nun ja, wie soll ich sagen …« Die beiden Bullen richtig am Schwitzen, jobani vrot. Raucherlauch sagt die ganze Zeit gar nichts. Guckt so, als hätte er Katze von Freundin überfahren, aber noch nicht gebeichtet.

»Ich muss Ihnen jetzt etwas erzählen, das Ihr Leben verändern wird und was nur kirgisische Regierungsbeamte und Polizisten wissen, die in dieser Station eingesetzt werden. Das sind übrigens immer nur wir zwei und zwei andere Kollegen, weil hier in der Gegend nie etwas passiert. Wegen euch haben wir zum ersten Mal seit sieben Monaten was zu tun.«

Blyat, wie kann man so viel labern? Will er mir noch den Dienstplan zeigen? Ich zünde mir eine Kippe von Raucherlauch an, scheint ja bisschen länger zu dauern hier.

»Jedenfalls wollte Sejtek immer einen Sohn haben, den er Slavik Junge genannt hätte, weil das sein absoluter Wunschname gewesen wäre. Er sagte immer, dieser Name vereint Tradition und Moderne auf unvergleichliche Art und Weise. Doch zu diesem Sohn kam es nicht vor Sejteks Tod, und deswegen war sein letzter Wunsch, dass wenn irgendwann mal eine Person mit dem Namen Slavik Junge dieses Haus betritt, muss derjenige zwölf Monate über Kirgistan herrschen.«

Blyat, ich ziehe grade an der Kippe und fange direkt an zu husten. Was hat der grade gesagt?

»Ich weiß, das klingt unglaublich, aber wie Sie sicherlich wissen, sind die Manas-Erzählungen sehr wichtig für das kirgisische Volk. Deshalb gilt Sejteks Wunsch für immer und lange Rede, kurzer Sinn: Sie müssen kirgisischer Präsident werden. Während dieser Zeit tritt der aktuelle Präsident, in diesem Fall also Sooronbai Dscheenbekow, in den Hintergrund. Das passt sogar ganz gut, er möchte ohnehin bald in den Ruhestand gehen. In diesem Sinne: Herzlichen Glückwunsch.«

Wir gucken uns an, als wüssten alle drei, hier ist gleich Fetzerei. Richtig still auf einmal, Blyat. Ich ball schon meine Faust unter dem Tisch.

»Blyat, denkt ihr, ich bin komplett dumm, Alter?! Ihr lasst mich solange warten, damit ihr mich jetzt so verarscht? Präsident werden? Suka Blyat, filmt ihr das mit versteckter Kamera?«

»Herr Junge, bitte beruhigen Sie sich! Und ändern Sie etwas Ihren Ton, wir sind immer noch Polizeibeamte. Wir verarschen Sie nicht. Ich habe grade schon mit dem kirgisischen Präsidenten gesprochen. Sie können Ihn anrufen, wenn Sie wollen. Warten Sie, ich wähle.« Schnurrbart-Bulle hält mir das Telefon hin.

»Guten Abend, Herr Junge, welch eine Ehre. Quasi ein Nachfahre Manas'. Ich habe Ihren Anruf schon erwartet. Wie geht es Ihnen?«

BLYAT. Ich guck ja nicht oft Nachrichten, aber die Stimme von Dscheenbekow erkenne sogar ich. Die Bullen lügen nicht. Ich hab komplett Gänsehaut, wie wenn Mädchen mir ins Ohr flüstert, dass sie mir Pelmeni macht. Nach paar Minuten ist das Gespräch mit Dscheenbekow vorbei. Ich leg auf und gucke die Bullen an mit Blick wie Gesicht eingefroren.

»HAAAAAA!«, platzt es aus mir raus. Ich glaube, das war mein lautestes HAAA jemals. »Vor euch steht der jüngste Präsident aller Zeiten, Blyat. Kirgistan, was geht ab? Seid ihr gut drauf, oder was? Erster Präsident in Latschen und Jogginganzug. Und erster Präsident ohne Schulabschluss. Was für Schule, wer braucht das schon? Ab jetzt einfach ein baba Leben in Palast. Ey Bratan, gib mir mal noch ne Kippe!«

Raucherlauch kommt nicht auf sein Leben klar. »Natürlich, hier.« – »Ne, Bratan, ab jetzt heißt das ›Hier, Herr Präsident!‹.« – »Entschuldigen Sie bitte. Hier, Herr Präsident.« – »Geht doch, Blyat.«

Ich wusste immer, Slavik Junge wird irgendwann King of Kirgistan. Das ist alles so gewollt. Das ist eine Frage des Mindsets, verstehst du? Hätte ich damals nicht Geld verdient mit meiner Fahrrad-S-Klasse, wäre ich heute nicht hier. Alles Schritt für Schritt im Leben. Schritt für Schritt wie auf der Kindergartentreppe, als ich Irodas Mama Tür aufgehalten habe. Wenn ich das nicht gemacht hätte, wäre alles einen anderen Weg gegangen, jobani vrot. Schicksal, Blyat.

Hab ich schon damals bei Geburt gespürt, als ich Krankenschwester angepisst habe. Das roch schon nach Erfolg, Blyat. Ich musste von der Schule suspendiert werden, damit ich zum Yssykköl fahre und heute hier sitzen und mit Stolz sagen kann, ich habe mich zum Präsidenten hochgearbeitet. Und jetzt bin ich hier. Ich kam, sah und siegte. Venedig, vedi, DaVinci. Oder wie das heißt. BLYAT!

Für Lauchs ist sowas nicht vorbestimmt. Nur für Löwen. Und Löwen sind wie Adler, die fliegen nicht mit Schafen. Weil ich bin Hai und die anderen Garnelen. Aber Garnelen werden nicht Präsident. Die werden höchstens Paella. HAAA!

11
MERCEDES-RÜCKBANK STATT SCHULBANK

»Pizdez, pass doch auf! Da ist meine Erinnerungskiste drin. Die historischen Schätze von Slavik Junge.« Umzugshelfer so Grobmotoriker, Blyat. Richtig dumm, dumm. Guckt mich nur schulterzuckend an und geht wieder ins Haus. Der knallt Umzugskarton ins Auto, als ob Polterabend ist. Aber Slavik Junge heiratet niemals, weiß man doch. HAAA!

Eine Hälfte von der Tonfigur aus Kindergarten rollt mir entgegen und endet vor meinen Füßen. Blyat, jetzt ist die endgültig kaputt. Pizdez, das ist über zehn Jahre her, dass ich die da reingepackt hab, aber kommt mir nicht lange vor. Als wenn's gestern war. Seitdem nicht mehr in den Karton reingeguckt. Und jetzt werde ich Präsident. Vor drei Tagen noch auf Polizeiwache gewesen, heute geht's schon in Palast. Mein neues Zuhause.

Gestern haben wir noch mal großes Familienessen gemacht mit allen. Meine Eltern übelst stolz, aber auch voll traurig. Mama war ganze Zeit am Weinen. Wir dachten immer, wir bleiben eh für immer zusammen hier im Block. So, wie es immer war. Pizdez, jetzt ist der jüngste Sohn plötzlich wichtigster Mann vom ganzen Land.

83

Hab so richtig Zwiespalt in mir. Freue mich voll auf baba Leben mit Weintrauben in Mund geliefert bekommen. Slavik Caesar. Aber Blockpartys mit kaputten Boxen und ekligen Mischen in Plastikbechern, das vermisse ich jetzt schon, Blyat. Oder auf Motorhaube Ghettopicknick machen. Einfach Zeitung ausbreiten, bisschen Brot, Zwiebeln und Speck drauf schneiden, reicht doch. Hab einmal als Kind aus Versehen Handbremse gelöst bei Ghettopicknick, dann alle, die vor Auto standen, umgerollt worden und ganzes Essen runtergefallen, Blyat. Beste Zeit.

Hab natürlich allen gesagt, dass die mit in Palast einziehen können, aber wollten die nicht. Wollen lieber in Hochhaus bleiben. Kann ich auch bisschen verstehen. Was sollen die auch mit dem ganzen Luxus? Wir waren zwar immer arm, aber hatten alles. Hauptsache gesund gewesen.

Asmalbek muss aber auf jeden Fall mein Assistent werden. Er meinte, er überlegt sich das. Was gibt's da zu überlegen, Blyat? Ich fetz den, jobani vrot. Er muss aber eh erst mal Schule zu Ende machen, der Lauch. Die Scheiße spar ich mir jetzt zum Glück. Sinnker weiß noch gar nicht Bescheid, Blyat. Öffentlichkeit erfährt erst morgen Abend von ihrem neuen King, dann ist Pressekonferenz.

Bisher wissen das nur meine Familie und paar Freunde und Mitarbeiter von der Regierung. Blyat, bin schon bisschen aufgeregt wegen Pressekonferenz. Wie, als ich Referat über Kraken halten musste. Blyat, wusstest du, dass die drei Herzen haben? Fast mehr Herzen als Arme. Pizdez, nur David Rockefeller hatte mehr Herzen. Kraken haben richtig Jackpot geknackt, können drei Frauen gleichzeitig sagen, ganzes Herz gehört ihr, und müssen dafür nicht mal lügen. HAAA! Zu wild, jobani vrot.

Genauso wild wie, dass jetzt extra Leute kommen, um meine Sachen abzuholen. Als er kleiner Junge war, hat mein Vater selbst noch Möbelschleppdienst angeboten für so Bonzen. Da brauchte der kein Fitnessstudio, da wurde der Schrank, weil er Schrank ständig getragen hat. Aber natürlich nicht so breit gewesen wie ich. Auch voll wichtig, diese Umzugshelfer für mich. Hab original vier Kartons und ein Koffer, das war's, Blyat.

»Wir wären dann soweit. Steigen Sie bitte ein?« – »Bratan, sag ruhig Du. Ich bin eine andere Kategorie Präsident.« Mein Fahrer auch überhöflich. Er hat graue Haare mit Seitenscheitel und ist gekleidet wie Pinguin mit weißen Handschuhen. Dachte erst, Michael Jackson ist zurück. Hoffentlich macht er nicht Moonwalk plötzlich während Fahrt. Will mich ja nicht verabschieden wie Lady Di. Weil ich fahr natürlich in Limousine und nicht in Umzugswagen mit. Einfach in fetter weißer S-Klasse, Blyat. Ich hab es prophezeit, nur noch S-Klasse. HAAA!

»Also, pass auf dich auf, mein Junge, wir … wir … hach, ich kann das nicht, er ist doch noch mein kleiner Slavik.« Mama schon wieder am Weinen. Wischt sich mit Taschentuch die Tränen weg. Da wird auch ein Slavik Junge weich wie Pelmeni-Teig. Bricht mein Herz. Wäre ich mal ne Krake, dann hätte ich immer noch zwei heile. HAAA!

»Wir kommen dich so schnell wie möglich besuchen, wollte deine Mutter sagen. Wenn du dich ein bisschen eingelebt hast. Und ganz viel Erfolg bei der Pressekonferenz, du packst das.« Papa klopft mir auf die Schultern und kämpft auch bisschen mit Tränen. Baytok mit Lena, Ednan, Samat und so natürlich auch alle da. Im Hintergrund ragt unser Block in die knallende Sonne. Paar Köpfe sind rausgestreckt aus den Fenstern und Balkonen. Die denken auch, Slavik ist Elit geworden mit Limousine und Umzugswagen. Die wissen ja noch gar nicht, was los ist.

»Davaj, ich muss jetzt los. Wir sehen uns bald. Und sagt morgen Abend, wie ich war bei Pressekonferenz, ja? Und guckt das auch auf Handy, dann könnt ihr paar Screenshots machen. Schickt mir die dann, ich brauche mal neues WhatsApp-Profilbild.«

Ich umarme noch mal alle und steige ein. Zwei so Security-Bratans saßen einfach die ganze Zeit im Auto, aber sagen nichts. Was machen die so auf Filme, Blyat? Die verdunkelte Scheibe ist einen kleinen Schlitz nach unten geöffnet, als würde ich jetzt bei rotem Teppich vorfahren und gleich neuen Film präsentieren. Ich dachte immer, dass wenn ich mal mit so ner Karre rumfahre hier, dann für Videodreh, weil ich Rapstar geworden bin. Aber wer weiß, kann ja auch noch kommen, Blyat.

Schon schade, dass Asmalbek jetzt nicht dabei ist. Könnten wir direkt hier Champagner köpfen auf Rücksitz und so Dusche machen wie Formel-1-Fahrer. Aber Asmalbek muss ja für Mathe lernen jtm. Tja, wäre er auch mal so schlau gewesen und als Slavik Junge auf Welt gekommen. Dann säße er jetzt auf Mercedes-Rückbank statt auf Schulbank. HAAA!

Im Rückspiegel verschwindet mein Block. Ich fahr durch die Stadt wie der Präsident. Das ist für mich jetzt nicht mehr nur n Spruch, Blyat. Hab so Kribbeln im Bauch. Glaube, das sind diese Schmetterlinge, von denen immer alle reden. Hab Schmetterlinge im Bauch wie Dschungelcamp-Kandidat.

»Herr Präsident, wir fahren jetzt von hinten an das Gebäude heran, damit es nicht zu auffällig ist und die Presse noch keinen Wind bekommt. Generell nehmen wir in der Regel den hinteren Eingang. Aber nicht ärgern, die große Einfahrt fahren Sie in Zukunft noch oft genug hoch für Pressetermine. Die kennen Sie ja bestimmt aus dem Fernsehen. Sehr beeindruckend!«

Der ist echt zu höflich, Blyat. Was checkt der nicht an Du? »Ja, Bratan, diese Einfahrt kenn ich, sieht krank aus. Aber ey, nenn mich einfach Slavik, ja? Mit Du ist viel entspannter, dowajst. Wie heißt du eigentlich?« – »Gut, das ist für mich noch etwas ungewohnt, aber wie Sie … äh, wie du wünschst. Ich bin Hoke.« – »Gut, Hoke, freut mich. Dann gib mal Gas, davaj.«

Nach dreißig Minuten mit Stau sind wir endlich da, jobani vrot. Jooob, selbst hintere Einfahrt sieht schon krank aus. Die kennt man auch nicht ausm Fernsehen, Blyat. Alles hoch ummauert und mit riesigen Hecken.

Hoke hält sein Gesicht vor so n Scanner neben dem Tor wie bei Mission Impossible. Es öffnet sich. Pizdez, was das für ne Auffahrt, Alter? Und das soll der Hintereingang sein? Jooob, und der Garten. Dachte kurz, wir fahren durch Central Park. Und die Terrasse sieht aus wie eigene Sehenswürdigkeit mit so Marmorsäulen. Blyat, hier kann man kranke Party wie bei Project X machen.

»Ich fahre kurz den Wagen in die Garage, du kannst gerne schon mit Nikolaj und Ivan reingehen. Pascalina wird dich dort empfangen. Pascalina ist die Haushälterin. Sie ist eine lebende Legende in unserem ehrwürdigen Haus! Ohne sie läuft gar nichts. Sei also nett zu ihr, eine herzensgute Dame.«

»Ok, danke, Bratan.«

Nikolaj und Ivan heißen die Sicherheitstypen also. Weiß ich das auch mal. Pizdez, von selbst sagen die ja nichts. Haben bestimmt Angst vor mir. Das ist die Slavik-Aura. Aber immerhin halten die mir die Autotür auf. Und ich sehe schon so ne alte Frau warten. Das locker diese Pascalina. Sieht einfach aus wie ne Nonne mit ihrer schwarzen Schürze und dem weißen, langen Haar.

»Ah, da sind Sie ja endlich, Herr Junge. Herzlich Willkommen, Herr Präsident. Es ist mir eine Ehre. Ein von Manas' Enkel Gesandter! Mein Name ist Pascalina oder Frau Lehnert, wie Sie möchten. Darf ich Ihnen etwas zu trinken bringen? Diese Hitze ist ja unerträglich.«

Blyat, so viel gesiezt wurde ich sonst nur bei Job-Beratung. »Ja, danke, gerne, ist echt eklig heiß. Freut mich, Pascalina. Ey, und ich hab dem Bratan Hoke auch schon gesagt, ruhig duzen, ihr müsst mich nicht siezen. Sag einfach Slavik, ja?«

»Nein, nein, das kommt überhaupt nicht infrage! Sie sind der Präsident, da wird nicht geduzt. Mit Hoke können Sie das handhaben, wie Sie möchten, aber ich bleibe beim Sie. Und möchten Sie jetzt direkt eine Führung durchs Haus haben oder sich erst etwas ausruhen? Hier, ihr Wasser.«

Pizdez, wo hat die auf einmal das Wasser her? Ging so schnell, hab das gar nicht gemerkt. Das meinte Hoke locker mit Legende.

»Danke. Davaj, können wir jetzt machen meinetwegen. Dauert locker bisschen länger, oder? Bei dem Schuppen hier.«

Blyat, hätte ich mal keine Latschen angezogen. Ich komme mir vor wie nach Marathon, jobani vrot. Flure hier länger als Orient-Express. Iron Man Slavik. Hab grade elf Schlafzimmer hinter mir, jedes mit eigenem Bad und Wannen aus Gold. Wie geleckt, Blyat. Alle Betten sahen aus wie direkt aus Paradies. Da weiß man gar nicht, wo man zuerst Tiri Piri machen soll.

In der letzten Stunde mehr Möbel gesehen als in meinem ganzen Leben vorher. Blyat, wie IKEA hier. Und ich hab jetzt n eigenes Kino. Früher immer nur ein Ticket geholt und damit mehrere Filme geguckt, weil vor den Sälen nicht noch mal kontrolliert wurde. Jetzt einfach eigenes Kino. Kann ich mit Popcorn werfen wie ich will und keiner kann was machen. Und hier ist ein übertriebenes Fitnessstudio. Ab jetzt wird Bizeps noch mehr zerstört. In dem Fitnessraum auch extra so Licht, dass man krass aussieht. Ich bin locker der erste Präsident, der das nutzt. Sonst immer nur so alte Säcke hier, Blyat.

»Als Nächstes gehen wir runter in den Wellnessbereich.« Pascalina führt mich eine Wendeltreppe aus Marmor entlang. Schon bisschen anders als vollgepisster Fahrstuhl. Ich fühl mich wie im Film, Blyat. Als ob ich so nen Herrscher spiele in Serie über Antike.

»Hier warten unter anderem eine finnische Sauna, ein Pool, ein Whirlpool und ein Massagebereich auf Sie. Wenn Sie mal entspannen möchten nach langen Telefonaten oder stressigen Terminen. Sehen Sie sich ruhig um.«

Jooob, was für ein Pool, Alter. Wird hier Video von Jay-Z gedreht, oder was? So sieht es locker in krassem Hotel aus, jobani vrot. Brauch gar nicht mehr an Yssykköl fahren, Blyat. Ich war noch nie in nem Pool, aber ist locker geil, Eier vor diese Stelle zu halten, wo so Blubberblasen hochkommen. Glaube, ich mach mir Delfine in den Pool. Rette ich aus dänischer Bucht. Dann direkt Pluspunkte bei PETA. Dann kann ich auch noch Therapiestunden anbieten bei mir. HAAA!

»Zu guter Letzt ist hier noch der Hobbyraum mit Billardtisch, eigener Bar, Dartscheibe, Tischkicker und zwei Bowlingbahnen. Alles, was das Herz begehrt. Wie ich sehe, sind Sie noch etwas überwältigt. Machen Sie mal den Mund zu, sonst kommen noch Fliegen rein!« Pascalina lacht. Richtiger Muttiwitz, Blyat.

»Morgen kommt Albert, der Gärtner, der ist zweimal die Woche da. Der kann Ihnen den Garten genauer zeigen.

Nun ruhen Sie sich erst mal etwas aus und kommen Sie an. Um siebzehn Uhr kommt Herr Sooronbai Dscheenbekow mit seinem Assistenten, um die Pressekonferenz morgen vorzubereiten. Und sagen Sie jederzeit Bescheid, wenn Sie was essen möchten oder Ihnen etwas fehlt. Drücken Sie einfach auf den Signalknopf von der Fernbedienung, die ich Ihnen vorhin gegeben habe. Sie finden allein wieder hoch, ja?« – »Ja, danke, alles gut.«

Blyat, die Pressekonferenz. Schon wieder ganz vergessen. Gar kein Bock drauf. Muss mir einfach vorher noch bisschen Netflix ballern im Heimkino, zur Ablenkung. Noch besser wäre natürlich Netflix and Chill. Doch Pascalina ist bisschen zu alt. »Auch eine schrumpelige Chili ist scharf«, gilt da nicht mehr. Dann halt erst mal allein hängen. Aber Essen wäre echt nicht schlecht. Direkt mal den Signalknopf ausprobieren. Ich brauch Pelmeni zum Einstand.

12
WER REDET SO, BLYAT?

»Also, noch mal von vorne. Slavik, hörst du zu? Du musst dich konzentrieren, Slavik. Das ist hier kein Kindergarten. Däumchen drehen kannst du später, aber das muss gleich sitzen. Slavik, die Nachricht wird die Bevölkerung überrollen, da muss der erste Eindruck erst recht ein guter sein. Slavik, noch mal dein Text bitte!«

Seit zwei Stunden sitzen Sooronbai, Boris und ich am langen Tisch im großen Besprechungsraum und gehen diese Scheißpressekonferenz durch. Gestern auch schon vier Stunden hier gesessen. Pizdez, hätte ich das mal vorher gewusst, dass Präsident sein so ne Arbeit wird. Und dieser Boris regt mich mehr auf als Mädchen, die das Bad blockieren für Make-up und ich aber mies kacken muss und Angst habe, dass das in meine weiße Boxershorts geht. Pizdez, wer war eigentlich so schlau und hat weiße Unterhose erfunden? Ich erfind doch auch nicht U-Boot ohne Dach.

»Slavik? Hallo? Du bist ja vollkommen abwesend! Bitte, Slavik, der Text!« – »Mann, Boris, haben wir doch oft genug gemacht jetzt!«

Boris' Blick ist irgendwo zwischen ausdruckslos und todeswütend, Blyat. Sooronbai hat sich in so n blauen Sessel in der Ecke gesetzt. Wir hängen hier jetzt schon so lange, dass es für mich normal ist, dass ich mit dem Präsidenten von Kirgistan chille. Also Noch-Präsident. Eigentlich bin ja ich schon fast. Aber Sooronbai ist auf jeden Fall korrekt. Er lockert seine Krawatte und seufzt. Boris atmet tief ein. Gleich labert der Milchbubi wieder los. Bei dem Lauch sehen nicht mal kurze Haare krass aus. Er hat aber auch null Bart, Blyat, und trägt so Hemd unter schwarzem Schnöselpulli.

»Ja, Slavik, wir sind den Text zwar hundertmal durchgegangen, aber wie viele Versuche saßen fehlerfrei, Slavik? Zwei? Vielleicht drei? Und du schaust noch viel zu oft auf die Zettel, Slavik. Also, reiß dich zusammen, Slavik.«

Nahui Blyat, wie oft will der eigentlich meinen Namen sagen. Ist Boris jetzt Johannes, oder was? Will der mich taufen? Bin ich ein Hund, dem man seinen Namen beibringen muss? Bei Boris hätte ich fast lieber, wenn der mich wieder siezt. So ein schmieriger Labersack, Alter. Fast so streng wie Lämpel jtm. Vielleicht muss ich Boris auch mal seine Pfeife stopfen. Oder ihm seine Krawatte bisschen enger ziehen, dann labert der nicht mehr so viel.

Aber bringt ja nichts, meinen Text muss ich trotzdem können. »Ja, Bratan, beruhig dich, ich versuch's noch mal:

Meine Kirgisen und Kirgisinnen!

Vor zweitausend Jahren war der stolzeste Satz, den ein Mensch sagen konnte, der: Ich bin ein Bürger Roms! Heute ist der stolzeste Satz, den jemand in der freien Welt sagen kann: Ich bin ein Kirgise! Wenn es in der Welt Menschen geben sollte, die nicht verstehen oder die nicht zu verstehen vorgeben, worum es heute in der Auseinandersetzung zwischen der freien Welt und dem Kommunismus geht, dann können wir ihnen nur sagen, sie sollen nach Kirgistan kommen. Es gibt Leute, die sagen, dem Kommunismus gehöre die Zukunft. Sie sollen nach Kirgistan kommen! Und es gibt wieder andere in Zentralasien und in anderen Teilen der Welt, die behaupten, man könnte mit den Kommunisten zusammenarbeiten. Auch sie sollen nach Kirgistan kommen! Und es gibt auch …

SUKA, BLYAT! Wer redet so, Blyat? Mit diesem Kommunismus, dies, das, ich hab keine Ahnung davon! Du hast doch gesagt, erster Eindruck zählt. Und das ist meine Antrittsrede? Dann ist kranke Blamage, Bratan. Wer soll mir das glauben?! Ich bin Blockjunge.«

»Slavik, bitte! Setz dich wieder hin! Blockjunge war einmal, du musst jetzt das kirgisische Volk vertreten. Da musst du die Gossensprache mal bei dir im Plattenbau lassen!«

»Was für Gossensprache? Wir sind halt real. Was willst du überhaupt? Soll ich dich fetzen? Denkst du, du kannst n Dicken machen, weil du studierst hast mit Krawatte und Aluminiumkoffer, Blyat?«

»Also, es ist ja eine Unverschämtheit, du …« Boris und ich stehen uns mit abgestützten Händen am Tisch gegenüber. Kurz vor Fetzerei, Blyat.

»Jetzt beruhigen, wir uns alle mal!« Sooronbai springt auf und kommt auf uns zu. Pizdez, hätte ich auch nicht gedacht, dass der mal Streit für mich klärt. »Boris, Sie gehen mal kurz raus, ok? Ich rede mit dem Jungen. Wir bekommen das schon hin.«

Boris stampft raus wie Elefant, Blyat. Der dampft ausm Kopf wie Shisha und knallt Tür zu, dass die Wände wackeln. Wie wenn ich mit Bähbäs Tiri Piri mache. Und sie lauter stöhnt als Frauen beim Tennis. HAAA!

Sooronbai legt seinen Arm um meine Schulter. »Also, Slavik. Ich kann ja verstehen, dass das für dich alles noch ungewohnt ist, aber wie Boris sagt, in der Öffentlichkeit musst du ein etwas anderes Auftreten an den Tag legen. Hochgestochenes Gerede macht nun mal Eindruck. Deswegen atme kurz durch, übe noch ein bisschen und ich hol dich gleich ab, dann gehen wir rüber in den Presseraum, ok? Und zieh dir bitte noch den schwarzen Anzug an, den Pascalina dir rausgelegt hat. In deinem Jogginganzug kannst du nicht vor die Presse treten.«

Blyat, konzentrier dich, Slavik. Einmal noch ohne Fehler muss ich hinkriegen. Pizdez, jetzt ruft irgendein Mädchen an. Aber kann jetzt eigentlich nicht. Kommt auch bisschen besser so, nicht direkt rangehen. Soll die ruhig öfter versuchen. Man muss sich auch mal rarmachen.

Seinen Wert steigern. Ich bin wie ein Diamant, Blyat. Selten nur zu finden. Und das Leben im Block hat mich geformt und geschliffen. Jetzt bin ich am Glänzen und nicht immer direkt verfügbar. Pickup-Artist Slavik weiß Bescheid.

Pizdez, der Presseraum ist full. Mehr Kameras als bei dem Juwelier, wo ich letztens mit Samat war. Er wollte sich bisschen umgucken. Dowajst schon, was ich meine.

Endlich geht's los. Erst sagen Sooronbai und Boris bisschen was und erklären die Situation. Dann bin ich dran. Soll endlich fertig sein, die Kacke. Bin nervös wie Bombenentschärfer.

»… und deswegen übergebe ich nun voller Stolz das Wort an meinen vorrübergehenden Nachfolger: Slavik Junge.«

»Ja, Brat … ääh, Herr Dscheenbekow, vielen Dank. Meine Kirgisen und Kirgisinnen! Vor zweitausend Jahren war der stolzeste Satz, den ein Mensch sagen konnte …«

Suka Blyat, war so klar, dass ich Blackout kriege. Schwitze schon mehr als Lauchs bei Führerscheinprüfung. Pizdez, mir doch pohui. Einfach Freestyle.

»Ach, was soll's, Blyat? Wem soll ich hier was vormachen? Ich bin einer von euch, nicht so n Anzugtyp. Slavik Junge mit Herz aus der Platte. Am liebsten würde ich jetzt auch Jogger anhaben, aber Valera, haben die mir verboten. Aber hier, immerhin Latschen. HAAA! Die durfte ich anziehen, weil sieht man eigentlich ja nicht hinter Pult, Blyat.«

Ich halte mein Bein nach oben und lege meinen Fuß auf den Tisch. Den Journalisten fallen fast die Augen aus. Haben Mund offen wie Nussknacker. Pizdez, das ist jetzt schon legendäre Ansprache. Ich steige auf das Pult für Russenhocke. So sieht man die Latschen noch besser. Slavik in seiner natürlichen Haltung. Dann kann ich auch so bisschen Bizeps auf Knie abstützen. Trick 17, dowajst schon. Aber Arme sehen eh schon krass aus. Dieses Sakko spannt gut, jobani vrot. Um mich am Rücken zu kratzen, ist mein Bizeps zu groß. Und mein Sakko zu klein. HAAA!

»Also, ihr wisst, ab jetzt ist Slavik Junge hier im Palast und will natürlich nur das Beste für euch. Ein Mann des Volkes. Wenn ihr Fragen habt, schreibt mir bei Insta. Slavik.ma4 heiße ich, folgt mir alle, davaj! Ihr seid alle meine, Bratans, Bratinas und Bratuchas und deshalb bin ich als freier Mann stolz darauf, sagen zu können: Ich bin ein Kirgise! Obwohl, ich bin eigentlich so krass, ich muss sagen: Ich bin zwei Kirgisen! HAAA! Bis bald! BLYAT!«

Der ganze Saal guckt mich schweigend an. Pizdez, plötzlich brüllt Boris ins Mikrofon. »Für Fragen ist an dieser Stelle leider keine Zeit! Dieser Vorfall muss zunächst intern aufgearbeitet werden. Security, lassen Sie bitte den Saal räumen!« Jooob, endlich Feierabend. Schnell raus hier und in Pool. Das war beste Antrittsrede aller Zeiten. Denke ich mal.

Alle Medientypen werden rausgebracht. Boris guckt nicht so begeistert. Pizdez, war klar, der alte Spießer. Er stellt sich mir am Ausgang vom Presseraum mit verschränkten Armen in den Weg. Aber sagt einfach nichts.

»Was? Was ist los? Pizdez, wenn du was wissen willst, musst du schon den Mund aufmachen. Bratan, mach dich mal locker. Die Leute checken das schon, ich bin halt achtzehn, Blyat.« Ich lache Boris an, aber er verzieht weiterhin keine Miene.

»Ich wollte jetzt mal Dings, unten bisschen Wellness machen und so Insta checken, was die Leute so sagen zu meinem Auftritt. Und Twitter. Da kommentieren ja immer die ganzen Journalisten, meintest du. Blyat, muss ich mir erst mal Twitter-Account machen. Dann kriege ich ja sogar blauen Haken als Präsident.«

Pizdez, blauer Haken ist Elit wie Espressomaschine. Aber vielleicht besser erst mal Fake-Account machen. Nicht dass ich mich noch blamiere und mit offiziellem Account so aus Versehen Hater oder so like. Ist mir zu oft passiert bei Instagram, immer Bilder gelikt von Pornostars, bis Mädchen das irgendwann gesehen haben, Blyat. Deswegen direkt Insta-Fake-Account gemacht. Passwort ist zugangzuparadies. HAAA!

»Aber können wir auch später checken wegen Twitter. Ich wollte vor Poolaction noch kurz mit Familie telefonieren. Davaj, und jetzt lass mich mal bitte durch.«

Boris macht mir widerwillig Platz. Blyat, er kann natürlich wieder nicht seine Fresse halten und brüllt mir hinterher: »Und du denkst, mit der Nummer kommst du einfach durch? Das wird ein Nachspiel haben, Slavik. Slavik, das war eine Beleidigung für die gesamte kirgisische Regierung! Ich will gar nicht wissen, wie sich die Presse jetzt schon das Maul zerreißt.«

»Gar nicht«, nuschelt Sooronbai, »sie zerreißen sich nicht das Maul. Die Presse feiert ihn. Schau selbst.«

Sooronbai tippt Boris von der Seite mit dem Ellenbogen an und zeigt ihm sein Handy. Pizdez, was zeigt der da? »Aber … wie kann das sein? Wir haben doch selbst grade gesehen und gehört, was er veranstaltet hat?!«

»Ey, zeigt mir auch mal!« Sooronbai hat Google News geöffnet: »Aufbruch in neue Zeiten: Präsident Slavik Junge bringt frischen Wind« – »Neu-Präsident Slavik Junge mit Jahrhundertrede« – »Denkwürdiger Antritt: Revolutioniert Slavik Junge die Politik?« – »Von Manas gesandt und gegen jede Regel: Slavik Junge überzeugt bei Antrittsrede« – »Was für ein (Slavik) Junge!«

Blyat, die Schlagzeilen sind positiver als Alkoholtest bei russischem Lkw-Fahrer. Man sieht richtig, dass Boris es scheiße findet, dass ich so gut ankomme.

»Na, Bratan, was sagst du jetzt? Jeder feiert Slavik Junge. Ich bin einfach authentisch, Blyat. Ich spring jetzt schön in Pool und mach ne Flasche auf. Wurde auch mal Zeit hier für frischen Wind. Durch Kirgistan muss ein Ruck gehen!«

13
WAS JUCKT DICH MEINE BOXERSHORTS?

»Du hast es geschafft, Slavik, die Leute reden wieder von dir,« sagt Hoke, während er am riesigen Marmorküchentisch sitzt und grinsend über seine Zeitung in meine Richtung guckt. Schlürft dabei zufrieden seinen Kaffee. Mein Chauffeur richtiger Player, er trägt einfach Anzug und Sonnenbrille. In der Küche, jobani vrot. So will ich auch mal sein in dem Alter. Wenn ich dann überhaupt noch lebe. Hab schon für jedes Zimmer hier Shisha beauftragt. Pizdez, richtig Selbstmord auf Raten, jobani vrot. Doppelapfel ist Erfindung vom Sheytan.

»Jooob, Hoke, Bratan, guten Morgen. Bist du Hugh Hefner, oder was? Aber ey, was meinst du genau?« – »Na, du wirst gefeiert in der Presse. Die Leute sind froh, dass jemand aus der Platte an die Spitze gekommen ist. Ich zitiere: ›Junge, der achtzehn Jahre lang und bis vor wenigen Tagen noch selbst genau den grauen Alltagstrott durchlebte, der das Leben vieler Kirgisen prägt, hat per se einen Platz in vielen Herzen der breiten Bevölkerung. Da spielt es kaum eine Rolle, unter welchen Umständen er zur Präsidentschaft gekommen ist. Vielmehr spricht es für ihn, dass er nie eine politische Karriere

101

anstrebte. Sein Fokus liegt somit auf dem wahren Leben –
und obendrein ist er ein historischer Wunschkandidat
von Sejtek.‹ Und? Ist das was? Glaub mir, wer quasi aus
der Manas-Dynastie kommt, hat viel Kredit beim Volk.
Verspiel den nicht, mein Junge!«

»Bratan, das freut mich echt, aber das meinte ich
gar nicht. Du hast gesagt, die Leute reden wieder von
mir. Wieso wieder? Das war doch erst die Antrittsrede.
Vorher kannte mich doch kein Schwanz. Also warum
wieder?«

Hoke steht auf, packt seinen Kram in die Spülmaschine
und fängt an laut zu lachen. Wie kann man so früh
überhaupt so gut drauf sein? Suka Blyat, es ist viertel
nach neun. Wann bin ich das letzte Mal samstags so
früh aufgestanden? Bin ich Bäcker, oder was? Also nichts
gegen Bäcker, Blyat, Brötchen sind baba. Auch wenn
wir immer nur so welche zum Aufbacken für Ofen hatten.
Echte Brötchen waren zu Elit. Hier gibt's jetzt sogar
Vollkorn. Mein Körper locker richtig überfordert, viel
zu gesund. Sonst war Frühstück immer die drei magi-
schen Ks: Kaffee, Kippe, Kacken. Blyat.

»Ich wusste, du wirst dich nicht mehr an mich erin-
nern können. Wir begegnen uns nicht zum ersten Mal.«

Blyat, macht der jetzt auf so Esoteriker mit Begegnung
in anderem Leben? Gleich sagt der noch so Sachen wie:
Sie glauben, diese Geschichte wurde frei erfunden? Dann
muss ich Sie enttäuschen. Eine ähnliche Geschichte er-
lebte ein Pärchen in den späten Siebzigern an der West-
küste Kaliforniens.

»Hoke, ich mag dich echt, aber was laberst du?« – »Die Leute haben schon mal von dir geredet. Zumindest in deinem Viertel. Da warst du noch ein kleiner Junge. Und dann hast du, sage ich mal, dein erstes Kunstwerk erschaffen. Weißt du, worauf ich hinaus möchte?« – »Keine Ahnung, Bratan.« – »Ich gebe dir mal einen Tipp. Stichwort: Gemüseladen.«

Blyat, woher weiß der das denn? Mit drei hab ich mal vor den Gemüseladen bei uns gekotzt. Einfach mitten am Tag. Mama meinte, ich hatte einfach zu viel Borschtsch gegessen und es nicht mehr bis zum Klo nach Hause geschafft. Aber hatte natürlich tieferen Grund. Das wurde mir aber jetzt erst klar, so im Rückblick. Im Nachhinein ergibt alles einen Sinn.

Ich hab damals schon gespürt, dass ich eines Tages Präsident werde, und wollte schon mal als kleiner Junge ein Zeichen setzen, so als Vorankündigung. Pizdez, das war ein Protest gegen das System. Damit wollte ich sagen: Die Preispolitik bei Lebensmitteln ist zum Kotzen, deswegen auch vor Gemüseladen. Der wichtigste Kotzhaufen aller Zeiten. Sollte man ausstellen in Paris in diesem Dreieck aus Glas. Wo auch Mona Lisa ist. Meine Kotze war auch wie Mona Lisa. Nur mit Geruch statt mit Blick. Pohui, von welcher Seite man geguckt hat, hat immer gestunken. HAAA!

»Laber nicht, du hast das gesehen? Aber warum? Dachte, du chillst nur so mit Präsidenten, was machst du da bei uns?«

»Slavik, ich komme aus deiner … wie sagen die jungen Leute immer … Hood? Damals war ich zwar auch schon

Chauffeur des Präsidenten, aber habe noch im Viertel in einer Einzimmerwohnung gehaust. Ich wollte erst mal nicht weg da. Genau wie deine Eltern jetzt. Ich bin erst vor ein paar Jahren hier ins Haus eingezogen. Und ich habe in meinen einundsiebzig Jahren vieles gesehen durch meinen Job, das kannst du mir glauben. Aber diese Situation, wie da ein kleiner Junge vor dem Laden brechen muss – das werde ich nie vergessen. Ich stand genau auf der anderen Straßenseite. Übrigens solltest du dich mal langsam anziehen. Wir müssen in einer Stunde los und du hast auch noch nichts gefrühstückt.«

Heute ist noch mal Pressekonferenz für Fragerunden mit Journalisten, Blyat, haben die gestern Nacht entschieden. Als Wiedergutmachung für gestern. Die Scheiße hätte ich hinter mir haben können, wenn Boris nicht direkt alle rausgeschickt hätte, Blyat. Macht der da auf Türsteher. Der dachte auch, er ist Schiedsrichter und ich hab Pyro gezündet, so schnell wie der gestern abgebrochen hat. Einzige Pyro, die gezündet wurde, war in seinem Kopf. Der war so wütend, jobani vrot, Gesicht rot wie Bengalos. Aber alle anderen feiern mich. Heute ist Pressekonferenz auf Osch-Basar, weil ist ja jetzt mein Image, der Präsident ausm Volk. Pizdez, ich dachte, ich muss nie wieder zum Osch-Basar. Jetzt direkt nach einem Tag.

»Warum bist du eigentlich hier, Hoke? Hast du hier gepennt?« – »Ja, sicher. Ich habe meinen eigenen kleinen Bereich im Westflügel. Hat Pascalina dir das nicht gezeigt?« – »Keine Ahnung, weiß ich nicht mehr so genau.

Blyat, die hat mir so viele Räume gezeigt, irgendwann war mein Kopf leer. Wie mein Portemonnaie bis letzte Woche. HAAA! Ey, kann ich mir eigentlich einen eigenen Assistenten holen? Mein bester Kollege Asmalbek soll das werden. Der Scheißboris nervt, ich will auch nen Bratan hier dabeihaben.«

»Na, na, na, nicht in dem Ton, Junge. Wobei …« Hoke fängt an zu flüstern: »Ich kann schon verstehen, dass du Boris nicht magst. Der ist ein gerissener Typ und nicht der Einfachste. Er ist noch jung, kam vor sechs Jahren als überengagierter Student her für ein Praktikum, weil sein Vater Lobbyist ist mit hochrangigen Kontakten. So ein ekelhaftes Bonzenkind, behandelt gerne von oben herab. So einen hätten wir früher direkt erleichtert auf dem Schulhof.« – »Erleichtert? Pizdez, du meinst gefetzt und abgezogen, oder?« – »Ja, so kann man es auch nennen. Jedenfalls solltest du immer aufpassen, wenn du über Boris herziehst, er könnte hier immer um die Ecke stehen. Lästern können wir gerne, wenn wir zu zweit im Auto sind«, zwinkert Hoke mir zu.

»Ok, korrekt, Bratan. Gut zu wissen, dass der so n Opfer ist. Aber was ist jetzt mit Asmalbek? Kann der hierher?« – »Du bist jetzt Präsident von Kirgistan, natürlich kannst du hier Assistenten herholen.« – »Geil. Ach ja, du kannst schon mal die Sitzheizung anmachen, ich komm dann gleich.« – »Sitzheizung? Slavik, es sind über dreißig Grad.« – »Bratan, ich kann jetzt Benz fahren mit baba Sitzheizung. Da ist das Wetter pohui. Einfach, um Dicken zu machen.«

»Was tuschelt ihr denn da so rum? Ihr wisst doch, wer flüstert, der lügt.« Pizdez Blyat, wenn man vom Teufel spricht. Der Pisser Boris steht in der Tür. Mit seinem schmierigen Zahnpastalächeln, jobani vrot.

»Ich hoffe, ihr seid gleich fertig mit dem Frühstück. Slavik, wie wäre es mal mit Anziehen? Oder willst du in roter Playboy-Unterhose vor die Presse? Hopp, hopp, beeile dich!«

»Hopp, hopp? Valera, bist du mein Vater, oder was? Und was juckt dich meine Boxershorts? Trägst du Eierkneifer wie alter Sack, Blyat? Nichts gegen dich, Hoke. Und noch was: Du siezt mich ab jetzt wieder. Check mal, dass ich jetzt Präsident bin. Du gehst mir mies auf die Eier. Und ich hab große Eier, das kannst mir glauben. Slavik Strauß, jobani vrot. Ich fress jetzt Croissants und dann geh ich duschen. Hast du mal Zeitung gelesen? Alle feiern Slavik Junge. Ich weiß schon, was ich mache. Also beruhig dich. Deine Ohren dampfen schon wieder mehr als die Croissants. HAAA! Weißt du, was das war? Ein HAAA! Das heißt eins zu null für mich.«

Hoke kann sich sein Grinsen nicht verkneifen. Boris stampft wortlos weg wie Nashorn. Der gehört auch in Zoo. Oder noch besser Zirkus, Blyat. Richtiger Clown.

»Damit gebe ich das Wort an meinen Bratan Slavik.«

»Danke, Bratan. Ja, also wie Asmalbek grade gesagt hat, ist er jetzt spontan mein Pressesprecher geworden und auch Assistent und so. Hab ihn vor halber Stunde angerufen und er ist direkt hergekommen. Richtiger

Bruder. Wir kennen uns schon, seit wir noch in Hose geschissen haben. So wie Boris vorhin, als ich ihm Ansage gemacht habe. HAAA!«

Einfach ganzer Platz von Osch-Basar wurde für mich geräumt. Boris hat extra noch gestern Nacht so Podest für Pressekonferenz auf Platz vom Osch-Basar aufbauen lassen. Hat er gut gemacht, muss man zugeben. Heute gibt's hier Weisheiten von Slavik Junge statt Yakfleisch, jobani vrot. Diesmal trage ich auch schwarzen Jogger mit Kragen nach oben geklappt und schwarze Cap hoch aufliegend, damit die wissen, wer Chef ist.

Locker fünfzigtausend Menschen sind hier und in den ersten drei Reihen nur Journalisten. Als ich ankam mit Limousine, haben alle kirgisische Fähnchen gewedelt und gejubelt. Ich seh schon, wie mein Leben irgendwann verfilmt wird für Netflix-Serie, Blyat. Dann mit Mädchen Netflix and chill und dann so zufällig Serie über sich selbst anmachen.

Blyat, hoffentlich haben die ganzen Fotografen ihre Kamera nicht hier auf dem Basar gekauft. Sonst gibt's mich nur in drei Pixeln. Würde aber auch reichen. Ein Pixel für mein Gesicht, einen für rechten Bizeps, einen für linken Bizeps. Mich kann man eh nur in Querformat fotografieren, sonst passt mein Kreuz nicht drauf. HAAA!

»Boris macht ab jetzt nur noch Bürokram, damit ihr Bescheid wisst, wenn ihr Interview oder so wollt, dann fragt an bei Asmalbek. Boris hat da nichts mehr zu melden.« Die Leute gucken etwas verwirrt, aber ist mir pohui.

Ich mach' einfach weiter: »Ich will mir übrigens Tiger holen wie Mike Tyson. Wenn ein TV-Team rumkommen will, könnt ihr gerne machen. Dann zeigt ihr, wie ich Tiger streichle, weil ihr wisst, Slavik Junge ist tierlieb. Mögen auch die Mädchen. Pick-up-Artist und Flirtkanzler Slavik weiß natürlich, Mann mit Haustier kommt immer gut an bei Frauen. Davaj, habt ihr Fragen?«

Alle Journalisten brüllen durcheinander. Wie Vögel, wenn die Wurm kriegen von Vogelmutter. Jebat, wedeln mehr mit ihren Händen, als wenn krasser Furz losgelassen wurde.

»Herr Junge, wie kamen Sie gestern auf die Aktion mit der Russenhocke bei der Pressekonferenz? Seien Sie doch ehrlich, das war ein von langer Hand geplanter PR-Coup, oder?«

»Bratan, also einmal jetzt für alle, ihr könnt mich duzen. Macht keine Filme. Wenn ich einer von euch bin, sollt ihr auch duzen. Ich bin nicht Staatsanwalt, Blyat.«

Die Leute jubeln. Ich bin jetzt einfach Star, Blyat.

»Und was für PR-Coup, Bratan? Sehe ich aus wie n Marketingstudent? Ich weiß doch erst seit paar Tagen, dass ich Bratan von Manas bin und Präsident werde. Vor ner Woche hab ich noch ABC-Tauchen im Yssykköl gemacht. Bei mir ist alles echt, Blyat.«

»Herr Junge, also, beziehungsweise Slavik, hast du schon ein paar Punkte auf deiner politischen Agenda? Was möchtest du während deiner Amtszeit erreichen?«

»Was soll ich euch sagen? Ich bin kein Lehrer, ich bin kein Politiker, ich hab nichts studiert oder irgendeinen

Scheiß, aber ich weiß was vom Leben. Ich will auf jeden Fall mit direkten Maßnahmen was bewirken, was man schnell ändern kann. Ein Mann, ein Wort. Ihr seid nicht allein. In meiner Welt soll jeder Plattenbau funktionierende Elektrik haben, warmes Wasser, vernünftige Fahrstühle ohne Pisse. Ey, hier einmal an alle aus Platte: Pizdez, hört auf, immer in die Fahrstühle zu pissen! Solche Sachen. Und ich will paar Sachen aus Präsidentenpalast versteigern, Blyat. Das steht eh zu viel Zeug rum. Ist wie Ebay-Paradies. Und Erlöse werden hier eingesetzt für Infrastruktur und Armenhilfe. Und ich will direkt Arbeitsplätze schaffen. Zum Beispiel in Präsidentengarten. Mein Gärtner Albert braucht auch mal bisschen Hilfe, der hat schon Wirbelsäule wie Frau Fragezeichen. Da können auf jeden Fall welche anfangen. Sind nicht viele Jobs direkt, Blyat, aber schon mal kleiner Anfang.«

Blyat, zum Glück hat mir Asmalbek vorher noch paar Tipps gegeben und Vorschläge gemacht für Maßnahmen. Der Applaus ist lauter als nach Theateraufführungen von Grundschülern. Dowajst schon, ist zwar immer Schrott, aber Eltern applaudieren trotzdem, als hätten sie grade Uraufführung von Hamlet gesehen.

»Slavik, ich weiß, die Stimmung ist grade fantastisch und die Leute sehen in dir einen Neuanfang. Aber möchtest du etwas dazu sagen, dass du noch extrem jung bist und keinerlei politische Vorerfahrung hast?«

»Budapest.«

Die Journalisten gucken sich fragend an. »Wie? Budapest? Was meinst du damit?«

»Na, die Hauptstadt von Ungern. HAAA!«

Die Menge tobt, alle am Lachen, Blyat. So einen Präsidenten hatten die noch nie.

»Slavik, hast du noch mehr solcher Sprüche? Anmachsprüche zum Beispiel? Man sagt, du seist ein Frauenheld.«

»Ja, normal, Bratan. Ich bin kirgisischer Ryan Gosling. Wenn du in Club gehst nächstes Mal und Wodka Martini bestellst, sagst du einfach: Ich wäre gerührt, wenn Sie mir ein schütteln können. HAAA! Dowajst schon, was ich meine. So, Bratans, habt ihr wieder was von Papa Slavik gelernt. Letzte Frage jetzt.«

»Slavik, wenn du so ein Frauenheld bist, hast du denn auch selbst eine Dame an deiner Seite? Wenn ja: Bekommen wir die neue First Lady Kirgistans auch zu Gesicht?«

»Leute, was für eine First Lady? Slavik Junge hat mehrere First Ladies. HAAA! Ihr wisst schon, es sind moderne Zeit. Polygamie und so. Ich brech alte Strukturen auf. Davaj, ich muss jetzt los. Danke für eure Fragen und schreibt am besten nur so baba Artikel wie gestern Abend. Sonst kriegt ihr keine neuen Fahrstühle. Bis zum nächsten Mal. HAAA!«

Unter großem Jubel verlasse ich mit Asmalbek die Bühne. Ich winke noch mal allen zu und küsse auf dem Weg zum Auto ein kleines Baby auf den Kopf, das von seiner Mutter in der ersten Reihe im Arm gehalten wird. Blyat, sowas kommt immer gut an, die Mutter ist fast in Tränen ausgebrochen. Hab der dabei natürlich noch heimlich meine Nummer zugesteckt, die sah Bombe aus. Vielleicht habe ich eh schon Match mit ihr, muss ich mal nachgucken. Seit Präsidentschaft ist mein Tinder explodiert, Blyat. Richtige Koordinationsleistung, mit allen gleichzeitig schreiben. Ist wie Verkehr in China regeln.

Asmalbek und ich steigen zu Hoke ins Auto. Asmalbek kriegt sich kaum noch ein vor Begeisterung. »Bratan, das war killer, heftige Antworten! Du bist einfach geborener Entertainer. Aber ey, ab jetzt wird's ernst. Jetzt müssen wir Politik machen.«

14
WEISSE AUTOS FÜR KIRGISTAN

»Entschuldigen Sie, Herr Junge. Herr Junge? Herr Junge, sind Sie wach? Herr Junge?«

Pizdez, was will Pascalina schon wieder um vierzehn Uhr morgens? Sie ist echt beste Haushälterin, aber warum klopft die so aggressiv, als ob Welt gleich untergeht? Ich ignoriere sie und drehe mich noch mal um.

»Herr Junge, bitte, es ist dringend. Geht es Ihnen gut?«

Die Frau nervt manchmal mehr als Kieselstein im Schuh. »Was wollen Sie, Blyat? Ich hab Kopfschmerzen.«

»Ach, Gott sei Dank, Sie sind wach. Asmalbek ist für Sie unten am Telefon, er erreicht Sie nicht auf Ihrem Handy. Was soll ich ihm sagen?«

Blyat, manchmal nervt Asmalbek mehr als Kopfhörer, bei denen nur eine Seite geht. Ich will pennen. Weiß er nicht, dass gestern kirgisische Nationalmannschaft von Frauen in USA gespielt hat? Diese Zeitverschiebung hat mein Kopf gefickt. »Davaj, sagen Sie ihm, ich ruf gleich an.«

»Blyat, warum gehst du nicht an dein Handy?!«, schreit mich Asmalbek an, während er sein Gesicht bei Facetime drei Zentimeter vor die Kamera hält. Der soll mal endlich anfangen mit Labello. Oder mit dieser Creme aus rosa

Dose aus der Werbung. Seine Lippen sind aufgeplatzter als bei Influencerinnen nach Schönheits-OP.

»Valera, was willst du überhaupt? Hast du mal auf die Uhr geguckt?« – »Was für Uhrzeit? Es ist vierzehn Uhr.« – »Gestern hat Frauenteam gespielt, Blyat. Ich musste gucken, man muss immer unterstützen. Aber Tipico hat wieder nicht gegeben, der Hurensohn. 0:7 verloren, gegen USA. Ja, ey, was ist jetzt?«

»Scheiß mal grade auf Tipico, du musst Sachen machen, Dinge verkünden, Gesetze erlassen, irgendwas. Die Leute warten. Du bist seit nem Monat Präsident und nur am Gammeln und deine Villa einrichten!«

Blyat, kaum ist der mein Assistent, spielt der sich auf. Er ist wie so neuer Angestellter in den ersten vier Wochen in neuer Firma, wenn man sich noch Todesmühe gibt und tausend Ideen hat, bevor man merkt, der Job ist langweilig. Was macht der so Stress jetzt?

»Ich lass mir schon was einfallen, chill mal. Alle lieben mich, da kann man die bisschen zappeln lassen. Die Leute können bisschen Geduld beweisen, bevor der King zur Tat schreitet. Slavik Junge vermittelt Geduld. Geduld ist eine Tugend. Ich überleg mir was, davaj.«

Ich lege auf und gehe erst mal duschen. Danach muss ich an die frische Luft. Mein Kopf muss gelüftet werden.

»Pascalina, ich geh bisschen im Garten spazieren. Bin so in ner halben Stunde wieder da. Können Sie mir Pelmeni machen? Brauche dick Frühstück, Blyat, Kopfschmerzen ficken meinen Schädel.« – »Natürlich, Herr Präsident, die Pelmeni mache ich ihnen.«

Ich schlüpfe in meine Latschen und gehe raus. Das Wetter ist Bombe. Aber mir scheint jetzt eh immer die Sonne aus dem Arsch. HAAA!

Wenn man jetzt schon einen Garten hat wie Elit, muss man auch bisschen schlau durch Garten laufen und sich dabei Gedanken machen. Oder zumindest so tun. Ich packe die Hände hinter meinen Rücken und spaziere in meinem weißen Bademantel über den weiß gepflasterten Gartenweg, während ich ein Steinchen vor mir her kicke. Ganz hinten am Zaun läuft ein Hund lang. Das findet sogar Slavik Junge süß, wie der so mit seiner Schnauze in den Büschen rumschnüffelt. Vielleicht verkünde ich einfach, es gibt gratis Hunde für alle? Kommt auch gut beim Tierschutzverein und so an. Obwohl, besser nicht, dann liegt überall Hundescheiße. Braune Invasion. Wie 1939, jobani vrot. Dann immer Kacke abkratzen mit so Stock von Latschen, Blyat. Absturz. Und schlimmster Geruch.

Bin einmal vor Date in Hundescheiße getreten, Blyat, musste ich natürlich absagen und dumme Ausrede überlegen. Hab gesagt, ich muss noch alter Nachbarin bei Einkauf helfen. Fand Mädchen direkt süß. Aber für solche Lügen wegen Hundekacke will ich nicht verantwortlich sein. Das also keine Option mit den Hunden. Und das Gebelle nervt eh, wenn alle auf einmal Hund haben. Nur noch Lärm jtm.

Ich setze mich auf eine Bank in die Sonne, direkt neben so einem kleinen plätschernden Brunnen, wo ein Porzellanfrosch Wasser reinpustet. Blyat, der hat's gut, der muss sich keine Gedanken machen über Politik. Ich blicke wieder auf die Straße und beobachte minutenlang den Verkehr. Ich bin kurz davor, wegzupennen, als plötzlich ein dunkelblaues Auto übertrieben lange ein weißes Auto anhupt. Was für ein Wichser, Blyat. Nimmt offenbar keine Rücksicht auf das Sonnenbad vom Präsidenten. Jooob, auf einmal habe ich nen Geistesblitz. Direkt AirPods rein und Asmalbek anrufen.

»Bratan, ich habe eine heftige Idee, pass auf: Ich veranlasse, dass in Kirgistan nur noch weiße Autos zugelassen werden. Du weißt doch, ich trage gerne weißen Anzug.«

»Slavik, was laberst du? Ist das dein Ernst? Was soll denn daran wichtig sein? Was hat das mit deinen Aufgaben zu tun?«

Auf diese Frage war ich vorbereitet. Und man weiß ja, wer gut vorbereitet ist, kann nicht überrascht sein. Außer man denkt bei Date extra an Blumen und dann hat Bähbä auf einmal Rosenallergie. Keine Chance, Blyat.

»Valera, ich sag natürlich nicht, dass das geändert werden soll, weil das meine Lieblingsfarbe ist. Sondern wegen der Umwelt. Ist doch klar: Es wird immer heißer und die Sonne soll die Autos nicht so krass erhitzen. Dunkle Autos haben hier verheerende Auswirkung aufs Klima.« – »Und das sollen die Leute dir glauben?« – »Bratan, immer kommst du mit so Pessimismus. Bist du Skeptiker von Beruf? Blyat, sag mir lieber, wo wir jetzt schnell Ansage drehen können. Ich will das heute noch posten und das muss knallen, auch von Optik und so.«

116

»Wenn du meinst. Ich hab so neuen Lieblingsplatz mit Valentina, halbe Stunde von hier. Da können wir schnell hin und drehen. Da stehen sogar immer weiße Pferde auf einer Koppel rum, kannst locker eins von nehmen und dich draufsetzen. Und ich dreh einfach mit iPhone-Kamera, Qualität reicht doch.«

Pizdez, er und seine Valentina. Die klebt an ihm wie die Kaugummis, die ich früher immer unter Sitz von Bus geklebt habe. »Ok, Bratan, dann lass dahin. Davaj, komm endlich zum Palast jetzt. Wir nehmen die weiße G-Klasse. Passt noch besser zu Natur als S-Klasse. Ich geh noch kurz in Spielo-Raum, bisschen Stress abbauen.«

Ich hab mir extra Spielo-Raum machen lassen im Keller. So geil, Blyat. Im Eingang zu dem Raum liegt so ein riesiger Teppich mit lachendem Gesicht von mir drauf, in diese Sonne eingefügt. Joob, direkt gute Laune, wenn man Raum betritt. In Automaten da kommt immer Teil von meinem Gehalt rein und dann zocke ich. So praktisch einfach. Bleibt ja alles bei mir. Ein Kreislauf, wie bei Buddhismus. Mein Geld wird immer wiedergeboren. HAAA!

Ich zocke eh nur fürs Gefühl, nicht für das Geld. Das weiß jeder, der mich kennt. Weil in einer Welt, wo nur das Materielle zählt, kann ein Junge aus dem Block nicht König sein. Slavik Junge steht für Bescheidenheit. Deshalb erst mal auch nur Goldfelgen auf meine Autos gepackt und nicht direkt Platin. Dowajst schon, was ich meine.

»Ja Mann, hier sieht baba aus, Bratan. Genau sowas brauche ich. Das ist angemessene Kulisse für Volksheld Slavik.«

Asmalbek und ich halten vor einer riesigen Wiese und steigen aus. Das ist der Moment, wo so Wissenschaftssendungen immer sagen, wie viel das umgerechnet ist in Fußballfelder. Das sind locker zweiundneunzig. Ganz grob geschätzt, Blyat.

»Valera, und wo sind jetzt die Pferde?« – »Locker da vorne in dem Stall. Ich hol mal eins.« Asmalbek kommt zurück mit weißem Pferd wie aus Prinzenfilm. »Wie komme ich da jetzt drauf? Ich bin doch noch nie geritten. Zumindest keine Pferde. Dowajst schon, was ich meine.« – »Ja, Bratan, ich zeige dir, Valentina hat mir das letztens beigebracht.«

Asmalbek macht mit seinen Händen eine Räuberleiter und hilft mir aufs Pferd. Hoffentlich bleibt das ruhig, Blyat, sonst sterbe ich noch wie Westernheld. Slavik John Wayne Junge.

Jetzt sitze ich mit weißem Anzug in der Berglandschaft auf einem weißen Pferd, das vor einer weißen G-Klasse steht. Sag, wer will was machen, Blyat?

»Also ich bin soweit.« – »Ja, warte, muss noch kurz Gelben raushauen.« Ich ziehe so krass die Nase hoch, dass sogar das Pferd das eklig findet und sich bisschen schüttelt. Blyat, der kam locker aus der Schuhsohle.

»So, jetzt. Nimmst du auf? Mach diesen Weitwinkel an, sieht krasser aus. Davaj, mach schnell, ich will endlich posten.« Asmalbek steht da mit Handy in der Hand wie Touristen vor Burana-Turm und nickt.

»Bratans, Bratinas, Bratuchas, was geht ab? Ich hoffe, euch geht's gut. Also, Dings, ihr wisst ja, der Klimawandel bedroht uns alle, deshalb will ich in Kirgistan bald nur noch weiße Autos haben. Wegen Erderwärmung, das Thermometer steigt. Wie der Puls von Frauen, wenn Slavik den Raum betritt. HAAA!«

Ich ziehe noch mal die Nase hoch und spucke zur Seite. Das Pferd bleibt zum Glück ruhig. Ich richte meinen Blick wieder Richtung iPhone-Kamera.

»Und weil es immer heißer wird, sollen die Autos nicht erhitzen, und weißer Lack absorbiert am wenigsten Hitze. Dunkle Autos werden deshalb ab nächsten Monat nicht mehr importiert und bunte Autos auch nicht. Was das überhaupt, bunte Autos, die sehen aus wie 6ix9ine. Also, in den nächsten Monaten müssen alle Autos, die nicht weiß sind, umlackiert oder verkauft werden. Alle bekommen Verkaufsprämie oder zwanzig Prozent Rabatt bei Lackierer. Geht auf Staats Nacken, weil mein Papa ist King, der macht das klar. Mehr Infos verkünde ich bald im Twitchstream. Ich tue das für unsere Umwelt, für unseren Planeten. Somit können wir alle einen Teil zum Klimaschutz beitragen. Also, bis dann, davaj. Kirgistan lebt!«

Ich halte meinen Daumen hoch und gucke noch fünf Sekunden stumm in die Kamera. An der Stelle muss dann noch Slogan eingefügt werden.

»So, fertig. Bratan, komm mal her und zeig die Aufnahme … Poooah, krank, Blyat! Wie das aussieht. Landschaft wie bei National Geographic. Ich seh schon breit aus, oder? Ich fahre den Rückweg, dann kannst du das schon schneiden und posten. Und schreib, dass alle das teilen sollen und verlink Fernsehsender und so, damit die das in den Nachrichten zeigen. Und jetzt hilf mir mal runter hier vom Pferd, davaj.«

»Ok, mache ich«, sagt Asmalbek, während er mich stützt und ich runtersteige. Pling! Nachricht für Asmalbek. Er guckt auf sein Handy, guckt mich an, guckt wieder auf sein Handy und sagt erst mal kurz nichts.

»Was los? Hat Valentina in Gruppenchat Schluss gemacht, oder was, Blyat? Hallo?«

Er streckt mir sein Handy entgegen und zeigt mir eine Nachricht. »Putin hat mir grade geschrieben. Er will sich mit dir treffen.«

15
PUTIN IZ DA

Wenn Putin nicht langsam kommt, ist seine Shisha gleich tot, Blyat. Ich hab extra zwei Pfeifen fertig gemacht, jobani vrot. Asmalbek ist zu ner Nomadenfamilie rausgefahren, die in ihrer Jurte russischen Spezialtabak verkauft. Der Tabak dampft krasser als die Jurte beim Heizen. Wer mit dem Tabak keine Ringe schafft, ist in meinen Augen kein Mann. Aber das Krasseste überhaupt ist, dass die Nomaden ihm noch personalisiertes Mundstück fertiggemacht haben, wo ganz klein Putins Silhouette eingraviert ist. Pizdez, mehr Liebe zum Detail hat nur meine Mutter beim Backen.

Und jetzt kommt Putin einfach zu spät. Schon zwölf Minuten drüber. Ich konnte eh schon ganze Nacht nicht schlafen wegen Aufregung, jetzt gammel ich hier im Liegestuhl auf der XXL-Terrasse und warte, Blyat. Der soll mal zusehen, sonst penne ich noch weg vorher. Sonne knallt auch unnormal. Und ich muss die ganze Zeit beide Shishas am Laufen halten. Lokomotive Slavik. Alle einsteigen, Blyat!

»Valera, Asmalbek, rauch du auch mal! Warum muss ich hier zwei Shishas rauchen wie so n Süchtiger? Anstatt dass du mir hilfst, läufst da rum wie Tiger im Käfig, Blyat. Gleich ist hier See auf Terrasse, so wie du schwitzt. Soll Putin mit Jetski kommen, oder was, Blyat?« Ich halte Asmalbek den Schlauch hin, er winkt nur ab. »Ja, Bratan, ich bin mies nervös, ist doch klar.«

»Nervös? Was soll ich denn sagen? Pizdez, du musst doch gar nicht viel mit dem reden. Und jetzt setz dich hin, Blyat, du machst mich wahnsinnig. Pizdez, nimm den Schlauch.«

»Trotzdem, Blyat, ist halt Putin. Und ich kann nicht rauchen, hab ich Valentina versprochen. Weniger Wodka und Shisha und so.« – »Alter, ey. Ich nenne dich einfach nur noch Pantoffel, biste eh schon drunter. Fehlt nur noch, dass die hier einzieht.«

Asmalbek kratzt sich am Hinterkopf und grinst, als hätte ich ihn bei was erwischt, während mein Shisha-Wasser blubbert. Wehe, es ist das, was ich denke.

»Ach ja, ähm … das wollte ich eh noch ansprechen mit Einziehen, also …« – »Suka Blyat, nicht dein Ernst? Du hast schon den halben Ostflügel für dich mit baba Schlafzimmer, und Valentina kommt hier sowieso schon ständig hin.« – »Ja, eben, dann kann die doch auch einfach hier einziehen. Ich glaube, Valentina sucht schon ihre Klamotten und alles raus.« – »Bratan, soll sie doch raussuchen, und jetzt? Das nicht mein Problem. Du bist eh immer zu krass abgelenkt, Blyat, wenn die hier ist. Dann muss die hier nicht auch noch vierundzwanzig Stunden rumhängen. Dann macht ihr nur noch Tiri Piri.«

Pascalina steht plötzlich in der Terrassentür. »Herr Junge, hören Sie? Herr Putin ist soeben mit seiner Entourage auf dem Hof vorgefahren. Sie sollten nun runterkommen und ihn empfangen.«

»Danke, ich komme … und Bratan, das mit Valentina und Einziehen, das klären wir noch. Kannst ihr aber schon mal sagen, sie braucht keine Koffer zu packen. Oder hat sie den Palast hier bei Airbnb gesehen? Ist doch kein Hotel, Blyat.«

Wollte eigentlich, dass Putin direkt über Gartenein-fahrt kommt. Dann wäre Pfeife gleich auch noch frisch. Aber Asmalbek meinte, wir müssen zumindest einmal so Begrüßungsfoto machen vorne für die Presse. Asmalbek und ich gehen den Flur entlang, ich wische meine schwit-zigen Hände an meinem Sakko ab. Heute sogar mal Sakko für Putin. Weißes Sakko und dazu weiße Jogginghose aus Nylon, beste. Extra nicht graue Jogger angezogen, da sieht man manchmal Pissfleck, Blyat. Hab mich schön rausgeputzt für Wladimir. Sogar Gucci-Cap geholt, aber nicht vom Osch-Basar, Blyat. Original. Das war endgülti-ger Schritt zu Elit. Von gefälschter Cap von Osch-Basar zu Gucci mit Expressversand. Und ich plane schon, erster Präsident mit eigenem Merch zu werden. Dann bringe ich selbst Caps und so raus.

Blyat, sogar Amazon Prime und DAZN hab ich jetzt. Kann ich immer live tippen auf kirgisische U19, die Jungs kenn ich teilweise persönlich ausm Block. Glaube, da muss demnächst mal der eine oder andere Hausbesuch her, wenn die wieder meinen Schein ficken, jobani vrot.

Jetzt sind wir bei der Treppe zur Eingangshalle runter. Kann Putin schon sehen von hier. Der hat mehr Ochsen dabei als ein Bauernhof, jobani vrot.

Sowas braucht Slavik Junge natürlich nicht. Bin mein eigener Bodyguard. Nikolaj und Ivan habe ich gesagt, die können andere Jobs für mich machen, aber nicht Security. Wenn ich Bodyguards hätte, würden die andere vor mir schützen. HAAA! Aber gut, Putin ist auch nicht mehr der Jüngste, jobani vrot.

Ich muss cool bleiben, Blyat. Einfach Slavik Junge sein, wie immer. Wie mich die Presse kennt und liebt. Weiß eh nicht, warum ich mir so Filme schiebe. Als ob der anderer Mensch ist, nur weil er fame ist und bisschen Macht hat. Der muss sich auch mal Nase putzen oder hat auch mal Dünnschiss. Sollte man übrigens vermeiden, Nase putzen bei Durchfall. Jooob, das kann Sauerei geben in der Hose.

Putin hat auf jeden Fall heftigen dunkelblauen Anzug an, wie bei Kommunion. Aber ist, glaube ich, extra eine Nummer zu klein, damit er aufgepumpter aussieht. Er steht im Blitzlichtgewitter am Eingang und lächelt in die Kameras. Kurz bevor Putin sich zu mir dreht, wische ich noch einmal meine schwitzige Hand an meiner Hose ab, sodass keiner sieht.

»Guten Tag, Herr Putin, ist mir auf jeden Fall ne krasse Ehre.« Jebat, was mache ich mir so heftigen Kopf die ganze Zeit? Putins Hand ist feuchter als unsere Tapete im Block nach Wasserschaden. Ist der nervös, Blyat? Er guckt auf jeden Fall bisschen angespannt. Aber warum sollte er? Der ist doch Russlandking und der Babo seit zwanzig Jahren. Oder ist das schon so ne Alte-Leute-Krankheit, so ne feuchte Hand? Bisschen eklig.

»Die Freude ist ganz meinerseits, Herr Junge. Man hört ja eine Menge von Ihnen.« – »Ja, Bratan, und sag ruhig du, alles gut. Was geht, bist bisschen spät, ne? Warst wieder Hechte angeln, oder was?«

Putin zwingt sich zu einem leisen Lachen. Fand er wohl nicht so witzig. Seine Securitys auch nicht. Pizdez, die Lippen von den bewegen sich weniger als Onkel Samat. Hoffentlich mag Putin wenigstens Shisha, sonst ist reingeschissen. Müssen auf jeden Fall neue Kohle anmachen.

»Sie scheinen ja ein echter Scherzkeks zu sein, wie auf den Pressekonferenzen. Ich bleibe allerdings erst einmal beim Sie.« Putin klingt schon leicht genervt. »Sie wissen doch, man hat viele Termine, aber das können wir auch oben besprechen. Nun lassen Sie uns schnell ein paar Fotos machen, damit wir in aller Ruhe reden können.«

Wir schütteln uns demonstrativ die Hände im Eingangsbereich. Die Fotografen so am Geiern jtm. Man hört nur noch Klicken.

»So, ein paar letzte Bilder und dann werden die Türen geschlossen. Herr Junge und Herr Putin ziehen sich nun zurück.« Asmalbek regelt, wie immer. Die großen weißen Holztüren fallen langsam ins Schloss.

»Blyat, endlich, jetzt hört und sieht uns keiner mehr, oder? Diese Scheißfotografen nerven immer übertrieben. So, Slavik, jetzt duzen wir uns natürlich. Pizdez, ich bin so neidisch auf dich. Und glaub mir, da bin ich nicht der einzige Kollege, der gerne an deiner Stelle wäre.«

Steht Wladimir Putin vor mir und hat das grade wirklich gesagt? Bin ich hacke?

»Bratan, ich check's nicht ganz, was los mit dir? Warum redest du so auf einmal? Und warum bist du neidisch und was für Kollegen?«

»Denkst du, uns Politikern macht das Bock, immer so diese Filme mit Presse und in der Öffentlichkeit gut benehmen? Und so dumm Grinsen für die Fotografen auf Bildern mit unnötig langem Händeschütteln, als hättest du grade Gebrauchtwagen bei mir gekauft. Blyat, das ist immer alles nervig, ey.«

Putin schüttelt mit dem Kopf, zündet sich ne Kippe an und atmet tief ein. »Ich habe mit einigen Politikern telefoniert in letzter Zeit. Pizdez, wir sind alle neidisch, weil du machen kannst, was du willst. Du bist von Anfang an du selbst geblieben und ziehst das jetzt durch. Bei mir und anderen wäre das Benehmen ein Skandal. Bei dir wundert sich jetzt keiner mehr, wenn du so redest. Im Gegenteil, andersrum wäre es komisch jetzt. Naja, was liegt an, wo geht's hin?«

Pizdez, da sieht man's mal wieder. Slavik, der Trendsetter. Selbst Putin will so sein wie ich. Kann ich auch verstehen, Blyat. Wäre ich jemand anderes, wäre ich auch lieber Slavik. HAAA! Wir gehen die Treppen und den Flur entlang und fangen an, uns zu unterhalten.

»Krass, aus der Perspektive hab ich das noch nie gesehen. Dachte erst, du willst mich fetzen wegen Angel-

spruch grade, sobald Tür zu ist. Aber geil, gut zu wissen. Wir gehen jetzt auf der Terrasse ne Pfeife ziehen, wenn du Bock hast. «

»Shisha, oder was? Sehr gerne. Hab ich viel zu lange nicht gemacht. Ich hoffe, du hast guten Tabak. Mal sehen, was meine russische Lunge noch aushält auf ihre alten Tage.«

Putins Handy klingelt. So baba, er hat Kalinka als Klingelton. Putin geht aber nicht ran, sondern macht sich die nächste Zigarette an. »Bratan, willst du nicht rangehen?« – »Ach was, das kann warten. Wird schon nicht so wichtig sein.«

Inzwischen ist der Gang zur Terrasse komplett ver-qualmt. Die ganzen Securities auch am Kippen rauchen und Sprüche machen. Blyat, wenn die Leute das da draußen wüssten, was abgeht hinter den Kulissen. Viel-leicht schreib ich irgendwann n Buch darüber und decke das alles auf, aber unter falschem Namen dann. Dann nenne ich mich Mark oder so.

»Jungs, raucht ihr alle Shisha gleich?« – »Normal, was denkst du denn? Oder sehen wir aus wie Leistungs-sportler? Wir pumpen eh nur auf Masse ohne Cardio.« Putins Securities lachen.

»Top, top. Zum Glück hab ich so viele Pfeifen gekauft. Asmalbek, kannst du mit Pascalina die Shishas aus den Zimmern einsammeln? Dann hat jeder eigene. Ach ja, Putin, Bratan, ich hab mieses Geschenk für dich.«

Pizdez, endlich sind wir wieder auf der Terrasse, alle setzen sich oder lehnen sich ans Geländer. Pascalina und Asmalbek bauen die Shishas auf. Hoke will auch noch rumkommen.

Ich hab sogar Boris Bescheid gesagt in der Whats-App-Gruppe von der Regierung, Blyat. Wobei ich sagen muss: Seit er nichts mehr zu melden hat bei mir, ist der ganz nett geworden eigentlich. Hält sich auch zurück und so, geht immer weniger aufn Sack. Hatte ihn direkt aus der Gruppe entfernt, nachdem ich Admin wurde, Blyat, aber letztens wieder hinzugefügt.

Albert ist nicht mal in der Gruppe, schiebt sich Paranoia wegen Datenschutz. Ich musste mir extra Telegram-Konto machen wegen dem jobani vrot, damit ich irgendwie mit dem kommunizieren kann. War dann auf einmal auch in so komischen Verschwörungstheoriegruppen, Blyat, richtige Seuche bei Telegram.

Hab mein Telegram-Konto natürlich so eingestellt, dass die nicht wissen, dass ich das bin, weil reden auch voll viel über Politiker da drin, sind angeblich alles Echsenmenschen und so. Reptiloiden, Blyat. Zu krank, diese Theorien. Eine Verschwörungstheorie sagt auch, dass Putin gar nicht Putin ist in der Öffentlichkeit. Angeblich schickt er immer Doppelgänger von sich. Blyat, was, wenn das gar nicht der echte Putin ist hier? Wenn der mich einfach komplett verarscht und alles aufnimmt mit versteckter Kamera im Knopf vom Sakko? Vielleicht bin ich grade selber Teil von neuer Verschwörung, und die wollen mich Hops nehmen.

»Wladimir, mal ehrlich jetzt, bist du eigentlich echt, Bratan?« – »Wie? Was meinst du?« – »Ja, dowajst schon, gibt ja so Gerüchte, dass immer Doppelgänger von dir rausgeht, weil sonst zu gefährlich ist und so.«

Putin guckt mich kurz an wie Samat, wenn es vegetarisch gibt, und lacht sich kaputt. »Ach, Slavik, ich mag dich zwar, aber du musst noch viel lernen. Du hörst doch meine Stimme. Die gibt's so nur einmal. Oder glaubst du, ich bin ferngesteuert von einer Machtelite, damit ich wie Putin klinge? Und eigentlich heiße ich Macaulay Culkin? Glaubst du, mein Doppelgänger könnte das hier?«

Putin nimmt nen richtig tiefen Zug von der Shisha und macht Ringe und durch die Ringe noch mal Ringe. Sieht fast aus wie Audi-Zeichen. Blyat, nicht schlecht. Konnte ich zwar auch schon mit Kippen hinterm Plattenbau, als ich sieben war, aber trotzdem baba Move, jobani vrot. Andere Präsidenten können wahrscheinlich nicht mal an Shisha ziehen, ohne dass die Husten wie Hund, der zu schnell getrunken hat.

Dabei sollte jeder Präsident Umgang mit Shisha und mindestens drei Kubikmeter Rauch beim Ausatmen produzieren können, Blyat. Und die Shisha innerhalb von fünfzehn Sekunden auseinander und zusammenbauen können. Wie ein guter Soldat die Kalaschnikow.

»Ok, killer, ich hör schon auf, zu fragen. Wahrscheinlich bist du kein Doppelgänger, sondern einfach nur Echsenmensch. Kleiner Scherz. Ach ja, hier noch dein Geschenk, Bratan.«

Putin nimmt das Mundstück mit seiner Silhouette entgegen. Der grinst wie Honigkuchen oder wie das heißt. Pizdez, ist für ihn locker größeres Geschenk als die Krim. HAAA!

»Und? Gefällt's dir?« – »Ich muss sagen, so ein detailverliebtes Geschenk hat mir noch nie jemand gemacht. Sehr originell. Und der russische Tabak knallt auch. Einfach top, Bratan. Lass uns darauf anstoßen!« – »Ja, normal … Pascalina, kannst du uns Wodka holen? Belvedere, bitte. Mit Beleuchtung in der Flasche. Dowajst schon, bisschen Elit. Die Kaliskaya-Zeiten sind vorbei.«

Putins Handy klingelt wieder. Blyat, er ignoriert das so gut wie ich früher meine roten Zahlen auf Kontoauszug. Er guckt nicht mal nach, wer das sein könnte.

»Und sonst, Slavik, worüber möchtest du reden? Was geht so ab bei dir?« – »Müssen wir nicht über Politik und Mandate und Diäten und so reden? Mein Onkel Samat bräuchte mal dringend eine. HAAA!«

»Quatsch, das Zeug kann doch alles keiner mehr hören. Wie gefallen dir denn so die ersten Wochen als jüngster Präsident der Menschheitsgeschichte?«

»Ja, ist brutal, Bratan, was soll ich sagen? Alle feiern mich und mein Klodeckel ist beheizt. Bis vor Kurzem war nicht mal mein Zimmer beheizt, Blyat. Slavik Junge ist jetzt ein Superstar. Vollkommen zurecht natürlich. Es sollte so passieren. Erfolg ist kein Glück. Besseres Leben als hier gibt's gar nicht, voll entspannt auch.«

Ein leichtes Grinsen kann sich Putin nicht verkneifen. »Sei dir alles gegönnt, Slavik, aber fang erst mal richtig an. Das wird nicht nur ein Zuckerschlecken hier, wenn du erst mal von Termin zu Termin jetten musst.«

»Hä, wieso? Ist doch voll geil, überall hinfliegen.«

Pizdez, wieder klingelt Putins Handy. Er rollt mit den Augen wie dieser eine Emoji bei WhatsApp. »Komm, Bratan, geh mal ran jetzt, ist ja scheinbar dringend.«

»Alles klar, einen Moment.« Putin steht auf und geht etwas weg vom Geschehen. Nach ein paar Minuten ist das Gespräch beendet, Putin kommt zufrieden lächelnd zurück.

»Ich habe grade einen spontanen Termin in Italien bestätigt bekommen. Treffe mich mit Giuseppe Conte. Ich will mich ein bisschen bei ihm einschleimen, damit er ein gutes Wort einlegt, um Russland wieder in die G8 zu bekommen. Und das Beste ist: Du kommst mit! Er will dich unbedingt kennenlernen.«

Blyat, gestern noch Wohnung in der Platte, morgen Antipasti-Platte. HAAA! Einfach nach Italien, Blyat. Dann kann ich zum ersten Mal Pizza ohne Analog-Käse essen, jobani vrot.

»Geil, Bratan. Ich sag Asmalbek, er soll mir einen Flug buchen.« Pizdez Blyat, direkt fängt Putin an zu lachen. »Slavik, was redest du denn da? Du musst doch keinen Flug buchen lassen. Du fliegst mit mir, in meinem Privatjet. Du kannst heute noch packen, morgen früh geht es los.«

16
IM FLUGZEUG WIE ELIT

»Slavik, du musst die Arme hochheben. Wie beim Bank-
überfall«, ruft Putin mir zu und lacht sich halbtot. Wir
stehen im menschenleeren Sicherheitsbereich vom Flughafen in Bischkek. Heißt übrigens Flughafen Manas.
Gehört also quasi meinen Vorfahren. Sollen die mal
umbenennen in Slavik-Junge-Airport, Blyat. Putin hat
extra eingefädelt, dass sein Regierungsflieger hierher
kommt, damit er vorher nicht noch zurück nach Moskau
muss.

Es ist vier Uhr morgens und keine Passagiere sind
hier außer uns. Ist aber auch so Sonderbereich natürlich,
für VIPs. Präsidenten gehen ja nicht durch normalen
Bereich. Pizdez, ich bin so müde wie früher in Chemie-
unterricht. Hab zwanzig Minuten geschlafen und dann
von zehn Weckern geweckt worden. Jede Minute ein
Wecker, sonst werde ich nicht wach jtm. Draußen ist
stockdunkel, Blyat.

»Was begrapschen die mich so? Als ob ich Terrorist
bin, jobani vrot.« – »Das ist doch der ganz normale Vor-
gang. Bist du noch nie geflogen, oder was?« – »Nein,
Bratan, natürlich nicht. Asmalbek und ich kommen aus

der Platte, was denkst du denn? Bin höchstens von der Schule geflogen. HAAA!«

Putin guckt mich an, als hätte ich bei Party Wodka verweigert. Der ist wahrscheinlich schon öfter geflogen als der Pilot. »Na, dann bin ich ja heute bei einer waschechten Premiere dabei. Und jetzt lass dich mal abtasten, damit wir loskönnen.«

Ich drehe mich um meine eigene Achse und werde abgetastet. Pizdez, dieser Sicherheitstyp richtig genervt, guckt wie Betonklotz. Soll mal froh sein, dass er Slavik Junge so nah sein und meinen roten Stoffjogginganzug anfassen darf, jobani vrot. Der dürfte sich eigentlich nie wieder die Hände waschen. Asmalbek und Boris sind auch dabei. Putin ist mit vier Bodyguards und zwei Beratern unterwegs.

»Alle sauber, Sie können weitergehen.« Der Sicherheitstyp winkt uns durch. Wir laufen über das dunkle Rollfeld zu Putins Jet. Überall irgendwelche Lichter am Blinken und Leute mit Warnwesten. Wetter ist scheiße, Blyat. Wie kann das sein im Sommer, jobani vrot? Tagsüber noch Sonne am Ballern und nachts Unwetter. Das hat locker was mit diesem Klimawandel zu tun. Blyat, muss ich mich bestimmt auch bald zu äußern als Präsident. Oder ich mache einfach wie Trump und sage, den gibt's nicht. Bisschen polarisieren passt zu Slavik Junge.

Zum Glück sind wir gleich da. So krass sieht das Flugzeug aber gar nicht aus von hier. Locker Putin voll der Blender. Außen am Flugzeug hängt so kleiner roter Wimpel, wo »Remove before Flight« draufsteht. Pizdez, das kenne ich sonst nur von meiner Bomberjacke. Übrigens Tipp für jeden Lauch: Hol dir Bomberjacke immer eine Nummer zu groß, da sieht jeder drin aus wie Kante vom Boxautomat.

Wir gehen die Treppe hoch und der Wind schlägt in die Fresse. Endlich drin. Am Flugzeugeingang empfangen uns zwei Stewardessen in engen, roten Uniformen. Eine blond, die andere mit braunen Haaren. Zwei Engel für Slavik. HAAA! Wenn die mit ins Flugzeug kommen, steigt locker direkt Luftfeuchtigkeit an. »Herzlich Willkommen an Bord, die Herren. Möchten Sie eine Lektüre für den Flug?« Die Blonde hält mir einen Stapel Zeitschriften entgegen. »Habt ihr den Playboy da? Am besten einen, in dem ihr auch drin seid. HAAA!«

Die beiden gucken mich verwirrt an. »War Spaß, Mann. Danke, aber ich lese nur WhatsApp-Nachrichten.« Jetzt lachen beide. Pizdez, die erfüllen auch einfach richtig Stewardessenklischee. Die sehen wirklich so heftig aus, wie immer alle sagen und wie man es aus Filmen kennt. Wäre zu krass, wenn ich bei erstem Flug direkt Mitglied werde im Mile High Club. Dowajst schon, was ich meine.

Jobani vrot, was für ein kranker Innenraum. Hier ist mehr Gold drin als in Gebiss von altem Opa. Da stehen weiße Ledersofas mit Goldverzierung. Sogar an den Gurten ist Gold. Und alles ist in Weiß und Beige und in lackiertem, braunem Holz gehalten. Sieht so edel aus, Blyat. Putin stellt sich neben mich und legt seinen rechten Arm um meine Schulter. Ich kann ihm den Stolz im Gesicht ansehen.

»Darf ich vorstellen? Meine II-96-300PU. Sieh dich ruhig etwas um, dahinten kommt noch einiges.«

Blyat, wie groß ist dieses Flugzeug? Ich gehe an den Sitzen und einer Küche vorbei und lande einfach in Konferenzraum. Pizdez, der ist locker so groß wie das Lehrerzimmer an meiner alten Schule. Ich hol mein iPhone raus und mach direkt Instastory. Wenn das die Bähbäs sehen. Solche riesigen Tische haben andere Firmen nicht mal in ihren Büros. Putin hat das im Flugzeug. Pizdez, und was ist das denn? Am Ende des Ganges ist einfach ein Fitnessraum im Flugzeug. Er kann Bizeps pumpen über den Wolken. Vielleicht trainier ich hier gleich bisschen Latissimus. Dann brauchen wir keine Flügel mehr, wenn ich anspanne. HAAA!

Muss eigentlich jetzt auch kacken, aber will mir aufbewahren für später, wenn wir oben sind. Über den Wolken kacken, das muss locker killer sein. Frage mich, ob das stimmt, dass die die Kacke einfach abwerfen ausm Flugzeug und die dann einfriert in der Luft wegen Geschwindigkeit. Wäre auf jeden Fall ehrenvoller Tod, wenn man unten von Slavik Junges Scheiße erschlagen wird.

Ich gehe zurück und setze mich neben Putin. »Bratan, was kostet so n Flugzeug? Das brauche ich auch.« – »Naja, also den genauen Preis möchte ich nicht verraten, aber ohne sechsstelligen Millionenbetrag kommst du da nicht weit. Vielleicht habe ich ja irgendwann mal einen Regierungsflieger übrig für dich. Ich habe vier Stück.«

»Was, Bruder? Was soll ich sagen, Bruder? Du hast mehr Flugzeuge als Barthaare. HAAA! Aber ja, sag gerne

Bescheid, wenn mal einer übrig ist. Wenn ich jetzt hier mitfliege, kann ich ja nicht mehr runterleveln. Ab jetzt nur noch so.«

Auf der anderen Seite sitzen Asmalbek und Boris. Kann genau sehen, wie nervös Asmalbek ist. Der kaut die ganze Zeit auf seinen Fingernägeln rum. Der hat sogar schon Anschnallgurt um, wie ein Lauch.

»Ey, Boris, wie habt ihr das bisher gemacht mit Fliegen? So n Flugzeug hier hattet ihr ja wohl nicht.« – »Nein, Slavik, wir haben meistens ganz normale Businessklasse gebucht und ab und zu kurzfristig einen Privatflieger gechartert. Das ist nun mal leider sehr teuer. Die russische Regierung verfügt über wesentlich mehr Budget. Wir hätten sonst am Palast sparen müssen.« – »Aber ich kann doch nicht in so nem Palast wohnen, Blyat, und dann keinen Flieger haben. Präsident des Volkes schön und gut, aber soll ich bei RyanAir anstehen wie Malle-Touristen, oder was? Davaj, sobald wir wieder in Kirgistan sind, kümmert euch mal drum, dass ich eigenes Flugzeug bekomme.«

Plötzlich rollen wir los. Eine von den Stewardessen tritt nach vorne und macht so Gesten zu den Sicherheitsanweisungen aus den Lautsprechern. Die bewegt sich wie n Roboter.

»Wladimir, Bratan, musst du dir das jedes Mal vorher geben? Übelst nervig.« – »Nein, Blyat, das machen wir nur, wenn wir Gäste haben. Und da es für dich heute sogar Flugpremiere ist, habe ich die Crew darum gebeten, die Sicherheitsanweisungen durchzusagen.«

137

»Sollte der Druck in der Kabine sinken, fallen automatisch Sauerstoffmasken aus der Kabinendecke.« Blyat, wenn ich mit der Stewardess aufs Klo verschwinde, braucht die danach auch Sauerstoffmaske. HAAA!

»Unter jedem Sitz befindet sich eine Schwimmweste. Auf Anweisung der Besatzung ziehen Sie die Schwimmweste über den Kopf.« Die Stewardess hält eine Schwimmweste in die Luft und zieht sie sich über. Sieht jetzt aus wie Arbeiterin von Baustelle.

Blyat, denken die, ich kann nicht schwimmen? Nur weil wir nicht wie Bonzen Schwimmunterricht hatten? Wir hatten Ghetto-Schwimmunterricht im See bei uns im Wald. Da hat man alles gelernt. Vor allem, dass man einfach in See pissen kann, merkt eh keiner. Außer wenn Mädchen in der Nähe ist. Dann ist komisch, wenn das Wasser auf einmal angenehme Badetemperatur hat. Blyat.

»Denken Sie bitte daran, bei ihren Handys den Flugmodus zu aktivieren.« Blyat, ich hab Flugmodus einfach noch nie dafür genutzt, wofür der eigentlich gedacht ist. Immer nur gemacht, wenn ich kein Netz habe, und gehofft, dass nach einmal kurz Flugmodus ein- und ausschalten wieder Netz da ist. Beste Taktik.

»Aber wenn ich Flugmodus machen muss, kann ich nichts posten, Blyat. Ich muss Instastory machen und in Highlights packen!«

»Keine Sorge, wenn wir oben sind, wird das WLAN aktiviert. Dann kannst du deine Follower bedienen«, zwinkert mir Wladimir zu. »Blyat, zu krass, sogar mit

WLAN an Bord.« – »Na klar, wir sind hier doch nicht in irgendeiner Billig-Airline.«

»Ja, geil. Ey, wenn ich dann poste und dich verlinke, musst du Story auch reposten, ne?« – »Slavik, ich habe doch gar kein Instagram.« – »Wie jetzt? Dann wird's Zeit, Bratan. Sobald wir oben sind und WLAN haben, machen wir dir nen Account. Musst du doch haben, wenn du neue Zielgruppe erreichen willst. Nicht immer nur alte Säcke, die dich wählen.« – »Ich weiß ja nicht.« Putin guckt mich etwas skeptisch an und dann aus dem Fenster. Wir fahren langsam über das Rollfeld.

»Glaub mir, wenn du nächstes Mal wieder ober-körperfrei reitest und dann auf Bild noch X-Pro-II-Filter klatschst, poah, das kommt zu krass. Dann kriegst du dick Flammen-Emojis von so Oligarchentöchtern. Oder wenn du Boomerang machst von Parlamentssitzung. Und besorg dir auf jeden Fall blauen Haken, Blyat, damit die Leute auch wissen, du bist das wirklich und nicht dein Doppelgänger von Verschwörungstheorie oder so Fake-Bastarde, die auf dein Nacken Likes holen wollen.«

Das Flugzeug fängt an zu beschleunigen. Von außen prasseln kleine Hagelkörner an die Scheiben. Pizdez, hätte gerne Fensterplatz gehabt, aber bin auch bisschen nervös. Aber darf ich mir natürlich nicht anmerken lassen. Muss irgendwie ablenken. »Putin, Bratan, wo fliegen wir eigentlich hin? Rom?« – »Nein, nach Venedig. Conte hatte dort einen Termin. Eine wunderschöne Stadt.« – »Schade, Blyat, dachte, wir können Audienz bei Papst klären. Aber Venedig auch gut. Ist doch Stadt der Liebe, ne? Pizdez, wenn ich da Foto hochlade, die Mädchen werden verrückt. Mit diesen Gondeln und so. Dann heißt es O Slavik mio statt O Sole mio. HAAA!«

Wir werden immer schneller. Putin bietet mir Kaugummi an: »Hier, gegen den Druck auf den Ohren.« – »Was für Druck?«

Wir heben ab. Blyat, das meint er also mit Druck. Druck habe ich sonst nur, wenn ich Mädchen auf Straße in Sportleggins sehe. HAAA! Aber Welt sieht krank aus von hier oben. Alles so klein auf einmal, wie im Spielzeugladen. Komme mir vor wie Astronaut jtm. Slavik Armstrong. Aber fühle mich eigentlich wie immer: Ich bin ganz oben und schaue herab auf alle anderen. HAAA!

»Ey, Asmalbek! EY! BRATAN! AUFWACHEN!« Blyat, Asmalbek so ein Lauch. Direkt nach dem Start ohnmächtig geworden. Pizdez, ständig auf seinem riesigen Plasmafernseher im Präsidentenpalast online Flugsimulator zocken mit seinem Nerd-Cousin Paul, aber dann direkt weggescheppert, wenn's mal im echten Leben in die Wolken geht. Siebten Himmel kennt der sonst nur mit Valentina. HAAA! Boris muss auch grinsen.

Mit meiner Hand klatsche ich leicht gegen Asmalbeks Wange. Er kommt wieder zu sich und hustet. Blyat, der ist blasser als das Mädchen aus »The Ring«. Hauttyp Feta. Sieht komplett verwirrt aus.

»Bratan, was los mit dir? Wir kommen ausm Ghetto. Können doch nicht immer den Dicken machen und uns dann hier so blamieren. Was soll Putin denken?«

Ich setze mich lachend wieder zu Putin und wir geben uns die Faust. Asmalbek bekommt ein Glas Wasser von der blonden Stewardess gereicht, die Brünette wedelt ihm Luft mit einer Zeitschrift zu. Blyat, vielleicht sollte ich hier auch mal ohnmächtig werden. Ich schnipse meinen Finger in Richtung der Blonden.

»Äh, Entschuldigung, kannst du mir was zu essen bringen? Wie heißt du eigentlich?« – »Aber selbstverständlich, Herr Junge. Mein Name ist Vesna. Was wünschen Sie? Soll ich Ihnen die Karte an den Platz bringen?« – »Ja, das wäre baba. Vesna, ok, heftiger Name. Und, Vesna, was war so das Krasseste, was du im Flugzeug mal erlebt hast?« – »Ach, das glaubst du mir eh nicht.«

Vesna geht lachend weg Richtung Küche. Hoffentlich beeilt die sich mit der Karte. Hab Hunger, aber bin auch todesmüde. Mir fallen langsam die Augen zu. Kein Wunder, bei der kurzen Nacht, jobani vrot. Das ist schlimmstes Gefühl, wenn man Augen nicht offenhalten kann. Blyat, kann doch nicht neben Putin einpennen. Ich muss irgendwie wach blei...

»Slavik, wach auf, davaj! Wir sind gleich da.« Putin schüttelt mich von der Seite an der Schulter. »Du willst doch bei deinem Premierenflug die Landung nicht verpassen.«

»Wie? Wir sind gleich da? Wie lange hab ich denn gepennt, Blyat?« – »Den ganzen Flug.«

Pizdez, da fliege ich zum ersten Mal und schlafe die ganze Zeit. In der Zeit hätte ich auch Brust und Bizeps im Fitnessraum trainieren können. Oder endlich mal Kacken gehen. Hab locker schon Verstopfung. Vor mir auf dem Tisch liegt die Speisekarte. Hat sich ja voll gelohnt, dass Vesna die geholt hat. Obwohl, eigentlich ist ja klar, dass ich schlafe. Als Präsident muss man ausgeschlafen sein. Bin ja nicht auf den Kopf gefallen. Gesunder Schlaf ist die Basis für alles, Blyat, war schon immer mein Motto. Man sagt nicht ohne Grund: Nur wer genug schläft, kann auch im echten Leben nach den Sternen greifen. Und mit Sternen meine ich Geld und Frauen. HAAA!

Poah, wie schön Italien aussieht von hier oben. Hier sind locker sogar die Ghettos schöner als jedes Bonzenviertel in Bischkek. Selbst die Armen trinken hier bestimmt wie Elit Espresso auf Balkon im Plattenbau mit italienischer Flagge am Geländer. So mit dickem Bauch und schwarzem Schnurrbart.

Wir kommen dem Boden immer näher und setzen auf der Landebahn auf. Alle Gebäude rasen am Fenster vorbei. Die Stewardessen gehen noch mal durch die Reihen: »Bitte vergessen Sie keine persönlichen Gegenstände.«

Ich schalte den Flugmodus aus, schnappe mir meine Louis-Vuitton-Reisetasche, steige aus dem Flugzeug und mache direkt Instalive an: »Bratans, was geht ab? Ich bin in Venedig, Blyat!«

17
DER PRÄSIDENTEN-CLUB

»Hier, Ihre Schlüssel, Herr Junge. Sie haben die Präsidentensuite im obersten Stock. Selbstverständlich mit Blick auf den Canal Grande. Wir wünschen einen angenehmen Aufenthalt.« Die Frau von der Rezeption drückt mir mit einem breiten Grinsen die Zimmerkarten in die Hand. Sie sieht aus wie Schneewittchen, nur halt braun gebrannt statt weiß wie Kokapäckchen. Hoffe, die macht auch hier den Zimmerservice. Dowajst schon, was ich meine.

Pizdez, ich hab einfach Suite 666. Das kannst du auch keinem erzählen, dass ein Präsident Zimmernummer 666 hat. Die Leute würden direkt Auge machen und denken, Illuminati haben mich geschickt und nicht Manas. Und dass Gates mir Chip installiert hat, als wär ich n Computer von ihm. Aber passt ja auch, bin ja Maschine. HAAA!

Die Empfangshalle von dem Hotel hier hat höhere Decken als Bankgebäude jtm. An den Decken überall so krasse Verzierungen und Gemälde von Engelschören und irgendwelche nackten Menschen mit Gewändern. Blyat, wie haben die das alles gemacht damals? Ihr ganzes Leben lang einer Sache gewidmet und an einer Decke gemalt und dann konnten die nicht mal posten, jobani vrot. Ich hab grade direkt mal Umfrage gemacht in Instastory, ob ich auch so Decken machen lassen soll, bei mir im Präsidentenpalast. Zum Glück 91 Prozent dafür gestimmt. Irgendein Hacker soll rausfinden, wer dagegen gestimmt hat. Die blockier ich direkt.

Jedenfalls lasse ich mir auch so baba Decken machen, wenn wir zurück sind in Bischkek. Das wird das erste Gebäude in ganz Kirgistan mit schönen Decken. Aber bei Slavik Junge kommen die Frauen ja eh gerne mit unter die Decke. HAAA!

Generell Italien so schön. Einfach ganze Fahrt vom Flughafen zum Hotel war wie durch Bilderbuch zu reisen, Blyat. Alles hat so geilen Flair, und die Häuser sind bunt und man sieht antike Gebäude und verwinkelte Gassen, und das Wetter ist schön und die Frauen sowieso.

Und in Venedig dann einfach keine Straßen mehr. Nur noch Kanäle und Wasserstraßen. Wie andere Welt, jobani vrot. Alles auf Romantikfilm angelehnt. Und jetzt sind wir im Hotel. Asmalbek, Boris und ich. Fünf Sterne natürlich. Putin und seine Jungs sind in nem anderen Hotel. Haben nicht mehr so viele Zimmer im selben Hotel bekommen auf spontan. Treffen uns aber alle zusammen nach dem G8-Meeting von Putin und Conte.

Ich steige mit Asmalbek und Boris in den Fahrstuhl. Der ist locker dreimal so groß wie der aus unserem alten Hochhaus. Und ohne Pissegeruch. Dafür sind die Knöpfe in Gold und ringsherum geile Spiegel. Weniger Pisse, mehr Spiegel. HAAA!

Asmalbek und Boris steigen im fünften Stock aus.
»Bis gleich, Bratans. Wir treffen uns in zwei Stunden
unten in der Lobby, davaj.«

Ich muss hoch bis in die sechste Etage. Genauso wie
bei uns im alten Block. Pizdez, das doch ein Zeichen. Ich
steige aus dem Aufzug. Erst mal orientieren hier. So
groß, ey. Braucht man fast schon Navi. Die Flure können
mich aber nicht mehr wirklich beeindrucken, Blyat. Sehen
zwar baba aus und sind krass lang, aber das kenn ich ja
schon von zu Hause ausm Palast inzwischen.

Mir kommt ein dicker alter Typ mit weißem Bademantel und haariger Brust entgegen. Hat seinen Arm um
eine heftige Braut gelegt. Blyat, die könnte seine Tochter
sein. Die mag den bestimmt wegen seinem tollen Charak-
ter. Hat Geld mit Romantik verwechselt. Ich sehe von
hier schon, wie der Typ mich anguckt und die Welt
nicht mehr versteht. Sehe aus wie Gesindel für den,
jobani vrot. Ich bin locker der erste Mensch auf dieser
Etage mit rotem Jogginganzug und Latschen. Blyat, wenn
der wüsste, wer ich bin. Warum weiß der eigentlich
nicht? Ich muss Kirgistan mal wieder groß machen in
der Welt, Blyat. Make Kirgistan great again.

Muss ich ihm direkt klar machen. Ich quatsche den
einfach an: »Bratan, weißt du überhaupt, wer ich bin? Ich
bin Slavik Junge, Präsident von Kirgistan. Folg mir mal auf
Instagram, slavik.ma4. Und TikTok auch, slavikjunge.ma4
heiße ich da. Also, falls du da Accounts hast. Aber so alt
wie du bist, hast du wahrscheinlich nur Facebook-Account.
Oder Account bei Online-Apotheke für Viagra. HAAA!«

Ich richte meinen Blick an seine Braut und zwinker ihr zu. »Aber du kannst mir auf jeden Fall folgen. Auch gerne in meine Suite. HAAA! Nummer 666.«

Die hat gelächelt, hab ich genau gesehen. Glaube, die überlegt sich heute zweimal, in welcher Suite die übernachtet.

»Aha, na dann. Jetzt lass mal mich und meine Frau in Frieden und geh auf dein Zimmer. Wer heutzutage so alles Präsident wird …«, grummelt der Typ zurück und geht weiter Richtung Fahrstuhl.

Blyat, wenn ich nicht so gut drauf wäre heute wegen der Reise, hätte ich den direkt gefetzt für den Spruch. Die Frau guckt richtig genervt. Kein Wunder bei dem alten Sack. Würde gerne wissen, was der macht, dass der hier auf der Etage übernachtet. Ist bestimmt so Mogul von unscheinbarem Geschäftszweig, das sind die Krassesten. Die so keiner kennt, aber die im Hintergrund Imperium leiten. Blyat, bestimmt ist der Boss von italienischer Büroklammer-Dynastie. Oder halt Mafiaboss. Eins von beidem.

Ich bin bei meiner Suite angekommen. Man muss hier einfach so ne Karte vorhalten, damit sich die Tür öffnet. Komme mir vor wie n Geheimagent. Keine Ahnung, ob das krass ist, dass man mit Karte die Tür öffnet, bin ja zum ersten Mal in meinem Leben in einem Hotel, Blyat.

Jooob, Präsidentensuite hält auf jeden Fall das, was der Name verspricht. Die ist größer als unsere Ghetto-Wohnung. Alles komplett mit Teppich, der aussieht wie Löwenfell. Vielleicht ist ja sogar Löwenfell. Rest in Peace.

Wenn man reinkommt, rechts direkt fettes Bad in Anthrazitoptik mit Regendusche. Kann ich mich wie im Dschungel fühlen, Blyat. Waschbecken locker ein Meter breit. Wie V-Kreuz von Slavik. HAAA! Und das Bett echt Königsklasse. Und ein kompletter Raum nur mit olivgrünen Samtsofas und Minibar vor Panaromafront. Kann baba auf den Kanal gucken. Dieser Markusplatz auch zu sehen, ist direkt in der Nähe. An den Wänden hängen hier überall Gemälde von irgendwelchen wichtigen Leuten, Blyat.

Auf dem Glascouchtisch ist ein fetter Obstteller mit Begrüßungskarte. »Herzlich Willkommen, Herr Präsident Junge! Es ist uns eine Ehre, Sie in unserem Haus begrüßen zu dürfen.« In so geschnörkelter Schrift. Blyat, das muss ich alles in Story posten. Pizdez, hinten auf der Karte ist noch ne kleine Notiz: »P.S. BLYAT! Du bist der lustigste Präsident ever. Folg mir gerne zurück auf Insta :-* ich heiße da _aurora33345_«.

Pizdez, ich wusste es doch. Selbst die Italienerinnen gucken meine Storys. Muss der Aurora gleich mal zurückfolgen, die arbeitet ja anscheinend hier im Hotel. Apropos Insta, könnte bisschen Fragerunde machen, hab noch Zeit bis zum Treffen. Ich poste: »Bratans, kleine Fragerunde, zehn Stück, davaj.« Hoffentlich kommen paar gute rein. Ich mach mich erst mal fertig jetzt.

Ich komme aus der Dusche und setze mich im Bademantel auf den Balkon. Wetter ist killer. Mal gucken, was die Bratans so wissen wollen. »Wie findest du Trump?« Was soll ich dazu schreiben, Blyat? »Noch nicht kennengelernt, aber Respekt für den Erfolg.« Das ne faire Antwort, kann keiner was gegen sagen.

»Schon mal Merkel getroffen?« – »Ne, noch nicht, aber kann mir Feature vorstellen. Dowajst schon, was ich meine. HAAA!« So, was haben wir noch? Das mal ne gute Frage hier: »Könntest du dir vorstellen, mit Obama erst Pelmeni essen und dann Wodka saufen gehen?« – »Yes, we can! HAAA!«

Blyat, aber sonst nur so Müllfragen zu politischen Themen, jobani vrot. Wen juckt das? Nächstes Mal muss ich wieder mit Fakeprofil selbst Fragen stellen. Beste Taktik, Blyat. Und dann die wichtigen Fragen. Wie reich ich bin und wie groß Bizepsumfang ist, und was beste Art ist zum Schlussmachen.

Immer noch halbe Stunde bis Treffen in der Lobby. Kein Bock mehr zu warten, jobani vrot. Ich öffne die WhatsApp-Regierungsgruppe und mache ne Sprachnotiz: »Bratans, mir ist langweilig, wir treffen uns jetzt schon und fahren zu Conte und Putin. In fünf Minuten unten vor dem Hotel, davaj. Asmalbek, sag diesem Fahrer, der soll jetzt schon kommen.«

Putin hat Abholservice für uns organisiert. Eine schwarze Limousine mit getönten Scheiben sammelt uns am Hoteleingang ein, ein paar Tauben fliegen hektisch weg. Überall sind hier Tauben, Blyat.

Die Passanten gucken komisch. Die denken bestimmt, wir wurden gezwungen, da einzusteigen. Entführung, Blyat. Wundern sich, dass ich mit Jogginganzug so einen

Abholservice habe. Hab mir nach dem Duschen frischen grünen Jogger angezogen.

Der Fahrer ist einer von den beiden Putin-Assistenten, die auch im Flugzeug dabei waren. Hat nen richtigen Kanisterkopf und Seiten auf Kontostand. Sagt kein Wort zu uns, murmelt zwischendurch nur irgendwas in sein Mikrofon am Hemdkragen und hat nen Knopf im Ohr, Blyat.

Wir fahren in eine verlassene Gasse und halten am Ende, die Limousine passt hier grade so durch. Blyat, was sollen wir hier? »Aussteigen und keine Fragen stellen.« Pizdez, hat Kanisterkopf zu viele Gangsterfilme geguckt?

»Wir sind da«, sagt er in sein Mikrofon, während er seinen Kragen zu seinem Mund zieht. Auf einmal öffnet sich eine Tür in der Mauer der Gasse. Man sieht aber nicht, dass da eine Tür ist, jobani vrot. So versteckt wie im Spionagefilm. Asmalbek und ich gucken Boris fragend an, der kennt ja schon paar Sachen von seinen Reisen mit Sooronbai. »Wartet mal ab«, sagt Boris schmunzelnd. Einer von Putins Assistenten empfängt uns auf der anderen Seite. »Ihr seid eigentlich zu früh, aber kommt rein. Wladimir und Giuseppe sind grade fertig geworden.«

Wir gehen durch lange schmale Gänge. Muss fast seitlich gehen wie Krabbe, Blyat. Langsam sehe ich Licht und höre Stimmen. Die eine ist von Putin. Dann müsste die andere von Giuseppe Conte sein. Die sind laut am Lachen.

Pizdez Blyat, am Ende der Katakomben ist ein großer Bereich, fast wie so ein Casinoraum. Dunkelroter Teppich und gedimmtes Licht. Mit eigenem Barbereich und Konferenztischen. »Ah, Slavik! Schön dass ihr da seid.« Putin steht auf und kommt uns entgegen. Er führt uns zum Tisch, wo schon Wodka und Wein draufstehen. »Darf ich vorstellen: Slavik Junge, Giuseppe Conte. Giuseppe Conte, Slavik Junge.«

Conte und ich geben uns die Hand. Sein Seitenscheitel sieht aus wie geleckt und sein dunkelblauer Anzug mit weißem Hemd und hellgrauer Krawatte sitzt perfekt. Schwiegermamas Liebling, Blyat. Dem würde ich alles abkaufen, wenn der mir Versicherung andrehen will. Aber er hat so leicht arrogantes Lächeln drauf.

»Freut mich sehr, dich kennenzulernen. Ich denke mal, ich gehöre auch direkt zum Du-Kreis, wie alle bei dir, oder?« – »Normal, Bratan, Siezen ist für Lauchs. Aber ey, wo sind wir hier überhaupt?«

»Gut, dass du es sagst.« Conte wird etwas ernster mit seiner Stimme. »Ihr gehört jetzt zum elitären Kreis des Präsidenten-Clubs, der von diesen Räumlichkeiten weiß. Diese Räume gibt es auf der ganzen Welt in wichtigen Städten verteilt. Hier können sich hochrangige Politiker treffen, um von der Öffentlichkeit abgeschirmt zu diskutieren oder um einfach rumzuhängen. Ohne nervige Presse und so. Nur Staatsoberhäupter und ihre engsten Vertrauten wissen vom Präsidenten-Club. Doch ihr dürft kein Wort darüber verlieren, ist das klar?«

Conte guckt mit erwartungsvollem Blick zu mir und Asmalbek, wir nicken.

»Sehr gut. Es gibt nur drei Regeln hier im Präsidenten-Club, doch die sind sehr wichtig. Erste Regel: Ihr verliert kein Wort über den Präsidenten-Club. Zweite Regel: Ihr verliert KEIN Wort über den Präsidenten-Club. Dritte und letzte Regel: Wer neu ist im Präsidenten-Club, muss kämpfen. Und mit kämpfen meine ich trinken.«

»Verstanden. Aber ey, jetzt, wo ich Präsident bin, müsst ihr die Gänge zu den Präsidenten-Clubräumen bisschen breiter bauen. HAAA!«

Conte lacht und gießt uns allen Wodka-Shots ein. »Na dann, auf eine gute Zeit, Jungs! Wir gehen übrigens gleich essen im besten Restaurant der Stadt. Der ganze Laden nur für uns und geladene Gäste. Lokalpolitiker und ein paar nette Damen sind auch dabei. Und ein, zwei befreundete Journalisten von mir, für gute Publicity. Italienisch-russisch-kirgisische Verbundenheit.«

Wir stoßen an. So nervige Instaweiber würden jetzt noch Boomerang davon machen. Jedes Wochenende die gleichen Storys, jobani vrot. Peinlich, Blyat.

»Ok, Bratans, dann gehen wir gleich erst mal fett essen und dann? Was geht später?« – »Also danach haben wir noch keine konkreten Pläne.« – »Valera, ich komm doch nicht nach Italien, um dann um zehn Uhr ins Bett zu gehen. Lass irgendwas Krasses machen. Wir sind auf dem Weg hierher an diesem Kanal vorbeigefahren. Lass doch Jetski fahren da, heute Nacht.«

»Bist du wahnsinnig? Du kannst doch auf dem Canal Grande nicht Jetski fahren.«

»Bratan, du bist Präsident von Italien, klar geht das. Muss ja auch keiner mitbekommen, deswegen ja nachts.« Putin klopft Conte auf die Schultern. »Ich finde, Slavik hat mal wieder die besten Ideen. Das kriegen wir schon hin.«

»Na, also. Ich wusste, du bist dabei, Wladimir. Giuseppe, Bratan, sag du schon mal den Bullen Bescheid, dass die nicht kommen müssen, wenn heute Nacht gebrettert wird auf dem Kanal. Befehl von ganz oben. Die sind doch eh alle korrupt hier. Und wenn du denen sagst, dass du Slavik Junge und Putin dabeihast, trauen die sich eh nicht, Faxen zu machen. Das ist Freifahrtschein für alles. Mit uns würdest du sogar mit Jogginghose in Club kommen, jobani vrot.«

Endlich ist es Nacht. Gleich zwei Uhr schon. Wir haben extra lange gewartet, damit nicht mehr so viel los ist, aber paar Leute stehen natürlich trotzdem am Rand und gucken, was abgeht. Conte ist auch nicht mehr so nervös, der war grade im Restaurant noch mal auf Toilette, bisschen im Schnee Skifahren. Jetzt hochkonzentriert. Dowajst schon, was ich meine. Erst Skifahren, dann Jetski fahren. HAAA!

Die Assistenten von Putin haben die Jetskis durch irgendwelche italienisch-russischen Mafia-Beziehungen geklärt und am Ufer platziert. Boris wollte auch unbedingt dabei sein, als die die organisiert haben. Er hängt sich jetzt richtig rein, Blyat. Sind sogar so killer Jetskis in pechschwarz mit Scheinwerfern.

Wir stehen alle parallel zueinander an der Startlinie. Conte ganz außen links, dann Putin, dann ich, dann Asmalbek, dann noch ein Bratan von Conte. Links und rechts von uns schwappen ein paar Gondeln am Ufer hoch und runter. Oben sieht man den Mond und klaren Sternenhimmel. Blyat, zu heftige Atmosphäre jetzt für Rennen. Conte hat übertriebenes italienisches Model klargemacht, die auf einer schwimmenden Plattform und in blau-weißem Gondoliere-Kostüm die Start- und Zielfahnen schwingt. War meine Idee, dass ein Model kommt, ist ja klar. Gleich wird hier Startfeld sein wie bei Formel 1. Das ist immer das einzige babamäßige an Formel 1, wenn die am Anfang alle losfahren wie auf Testo und sich rumschieben wie im Autoscooter.

Pizdez, sonst Formel 1 so Müll. Wenn ich geile Autorennen sehen will, muss ich einfach Samstagnacht bei uns im alten Plattenbau vorbeigucken. Beste illegale Autorennen da, Blyat. Haben mich Ednan und Baytok sogar mitgenommen, als ich noch Kleinkind war. Die haben immer Wagen über Papa klargemacht. Bin ich auf Rückbank mitgefahren bei zweihundert km/h. Slavik Junge war schon sein ganzes Leben auf Überholspur unterwegs. HAAA!

Später bin ich dann selbst mitgefahren, mit vierzehn schon, Blyat. Slavik Hamilton. Ganzer Block war immer am Start, auch alle krassen Frauen. Haben als Cheerleader angefeuert. Erst Autorennen gemacht, dann im Hinterhof gesoffen und später auf Motorhaube Tiri Piri. Vor allem, wenn man Erster wurde, hatte man Jackpot bei den Frauen. Einmal bin ich Erster geworden und hab danach zwei Cheerleader auf Motorhaube geballert. Das war dann Formel 3. HAAA!

Aber Jetski fahr ich jetzt auch zum ersten Mal. Ich hab mir vorhin extra noch Selfie-Stab und GoPro aus so nem Touri-Laden geholt, um Kamera vorne am Jetski dran zu machen. Damit ich filmen kann für Insta und für YouTube-Vlog von der Reise. Selfie-Stab eigentlich nur für Lauchs, aber konnte man gut befestigen am Jetski. Und natürlich noch gebrauchtes iPhone dazu geholt, bin ja nicht dumm und pack mein richtiges da dran. Boris hat auch professionelle Kamera dabei und macht zwischendurch paar Aufnahmen für Vlogs.

Das Model zählt runter. »Drei … zwei … eins … Go!« Alle geben Gas. Blyat, sind die Dinger schnell jtm. Bin direkt komplett nass und Klamotten übelst am Flattern, aber pohui, so trocknet der Jogginganzug gut bei dem Fahrtwind. Zum Glück hab ich meine Cap noch vorher abgesetzt, die wäre sonst weggeflogen. Ich gucke kurz nach hinten. Die anderen sind jetzt schon locker zwanzig Meter hinter mir. Slavik Junge wie immer an der Spitze. Alles um mich rum rast an mir vorbei. Jooob, das ist die beste Zeit meines Lebens.

18
ONE DAY IN IBIZA

»SKANDAL! Conte-Handlanger rast in Gondel-Gruppe.«
Blyat, die Boulevard-Zeitungen zerreißen sich das Maul
über diesen einen Bratan von Conte. Ist wohl beim Rennen gestern Nacht irgendwann bisschen vom Weg ab-
gekommen. Wie Slavik Junge, als er kriminelle Laufbahn
eingeschlagen hat. Eingeschlagen wie Fensterscheibe von
Juwelier. HAAA!

Ich falte die Zeitung zusammen und schaue aus dem
Flugzeugfenster. Sonst sind alle am Pennen im Flieger.
Der Himmel über den Wolken ist rosa wie Dessous von
Victoria's-Secret-Models. Weiß auch nicht, wann ich das
letzte Mal richtige Zeitung gelesen habe, jobani vrot,
aber hat mir Vesna beim Einsteigen in die Hand gedrückt. Im Block haben wir früher aus alten Zeitungen
manchmal Filter gedreht für Kippen.

Wir sind schon wieder im Putinflieger auf dem Weg
zum nächsten Termin. Oder besser gesagt zur nächsten
Party. Fühle mich wie Rockstar auf Welttournee, jobani
vrot. Diesmal geht's nach Ibiza. Vizekanzler von Österreich
ist da, dieser Strache. Hat mich und Putin zu Privatparty
in seine Villa eingeladen, nachdem er Instastory von Putin

geguckt und gesehen hat, dass wir quasi in der Nähe sind. Insta hab ich Putin noch eingerichtet gestern, hacke im Restaurant. Weil reicht jetzt auch mit immer nur Twitter, Blyat, diese Lauch-Plattform. Putin hat dann direkt Story gemacht und mich verlinkt.

Strache hat das gesehen und zwei Bilder von mir gelikt und ich danach zwei von ihm. Dowajst schon, diese Spielchen, dann sind wir uns gegenseitig gefolgt. Er hat auf jeden Fall miese Villa, hab ich schon auf seinem Profil gesehen. Kann nur krass werden hier. Man hört da ja die wildesten Storys aus Ibiza. Bestimmt wie russischer Polterabend. HAAA! Früher hab ich immer mit Ednan und Baytok so heftige Musikvideos zu Sommerhits auf Röhrenfernseher gesehen. Die haben die locker auf Ibiza gedreht.

Conte ist nicht mitgekommen, der muss jetzt erst mal die Sache mit seinem Assistenten und Jetski-Skandal klären. Pizdez, zum Glück waren wir schon weg, als der in die Gondeln geballert ist. Haben erst noch voll lange gewartet, weil alle waren schon wieder im Ziel, außer der Kollege von Conte. Conte hat dann irgendwann Anruf vom Polizeipräsidenten bekommen, dass sein Bratan festgenommen wurde. Putin, seine Securitys, Asmalbek, Boris und ich sind dann ins Hotel, weil muss ja auch nicht sein, dass wir da alle auf der Polizeistation rumlungern, das nervt die Polizisten ja nur, Blyat. Man muss die ja nicht unnötig stören. Da kann man ruhig etwas Rücksicht nehmen und Conte die Sache klären lassen. Boris hat sich noch erkundigt, hat sich zumindest keiner verletzt.

Aber ist Contes Bratan auch selbst schuld, ganz ehrlich. Was fährt der auch einfach Jetski, wenn der das nicht kann? Dem war wohl alles pohui, Blyat. Kann nicht jeder so Naturtalent sein wie Slavik und direkt jede Sportart können. Frage mich nur, warum der festgenommen wurde. Conte hat doch extra vorher den Bullen Bescheid gesagt, dass die nichts machen sollen. Hat denen wohl nicht genug Para gegeben, Blyat.

Ich bin übrigens Erster geworden bei Jetski-Rennen. Wer auch sonst? Siegerpokal hab ich mir dann noch selbst verliehen, indem ich die von der Rezeption mit aufs Zimmer genommen hab. Das war diese Aurora von der Begrüßungskarte. Die war mein ganz persönlicher Gute-Nacht-Keks aufm Kopfkissen. Aber habe ich nicht nur einmal gegessen. HAAA!

Dann eine Stunde gepennt und wieder ab zum Flughafen. Bin natürlich im Bademantel und Schlappen vom Hotel unterwegs. Shampoo und Zahnbürsten ausm Hotel auch eingesteckt. Alles auf Nacken, Blyat. Man muss immer mit Plus rausgehen, in allen Lebenslagen. Pizdez, ist wie bei Abend im Club. Auf Gästeliste plus eins reingehen ist schön und gut, aber mindestens plus eins rausgehen ist viel wichtiger. Dowajst schon, was ich meine.

Gleich landen wir wieder. Von Venedig nach Ibiza ist Katzensprung, Blyat. Von Bischkek zum Yssykköl dauert länger. Jooob, man kann schon das blaue Meer und die Buchten von hier oben sehen. Buchten von Ibiza sehen aus wie von riesigem Instafilter überzogen. Ich muss hier Taktik machen wie die ganzen Influencer.

Erst mal für zwei Wochen Bilder und so sammeln und immer weiter posten und dann ganze Zeit so tun, als ob ich immer noch hier wäre, obwohl ich schon wieder in Kirgistan hänge, Blyat.

»Bratan, ich gehe schon mal rauf und mache mich fertig. Wir sehen uns dann um sieben Uhr in der Lobby. Mein Fahrer fährt uns wieder. Davaj, bis gleich.« Putin geht mit stolzgeschwellter Brust und Handtuch über der Schulter Richtung Hotel. Sein Handtuch hat natürlich Muster von Russland-Flagge und er hat rote Badehose an. Playboy.

Wir gammeln den ganzen Tag am Hotelpool. Das Hotel hier ist noch krasser als das in Venedig. Der Außenbereich hat riesigen Pool mit Bar in der Mitte und geht so direkt in den Strand über jtm. Wie im Paradies. Das Buffet auch krank, haben uns alle vollgefressen vorhin. Hab zum ersten Mal Hummer gegessen in meinem Leben, Blyat. Der war so rot wie Putin, nachdem er ganzen Tag auf der Liege lag. HAAA! Hummerfleisch schmeckt echt baba. Harte Schale, weicher Kern. Bei Slavik ist harte Schale, harter Kern. HAAA!

Noch krasser als das Buffet sind hier nur die Frauen. Nur Playmates, jobani vrot. Überall am Strand und am Pool sieht man den Pfirsich-Emoji in echt. Dowajst schon, was ich meine.

Ich nehme einen Schluck Pina Colada aus meiner Kokosnuss und drehe mich noch mal auf der Liege um. Von hier aus sehe ich, wie Boris und Asmalbek irgendwelche Mädels an der Poolbar anlabern. Pizdez, sobald

Asmalbek angetrunken ist, ist dem Valentina auch schnell mal pohui.

Der kleine Tisch neben meiner Liege vibriert. Unbekannte Nummer. Aus Kolumbien, jobani vrot. Blyat, ich bin viel zu entspannt grade fürs Telefonieren, aber was soll's? Ich raff mich auf und gehe ran.

»Ja? Wer ist da?« – »Hallo Slavik. Hier ist Iván Duque, der Präsident von Kolumbien. Slavik, ich habe dein Instagram-Reel aus Venedig gesehen und schon beim Zuschauen Spaß gehabt. Das möchte ich auch in echt erleben. Ich lade dich hiermit offiziell in unser wunderschönes Kolumbien ein.«

Pizdez, jetzt weiß ich auch, wer duqueofficial ist. Der hat dreimal Bizeps-Emoji unter mein Reel aus Venedig kommentiert, wo ich Breakdance tanze auf Markusplatz. Der hat zwar blauen Haken, aber bin gar nicht auf sein Profil gegangen. Dachte, das ist wieder irgendein Influencer oder so, der Follower geiern will. Woher soll ich auch wissen, dass das der Präsident von Kolumbien ist? Blyat, ich dachte immer, irgendein Enkel von Pablo Escobar ist Präsident. Aber warum hat der direkt meine Nummer und nicht Asmalbeks? Der regelt die Termine doch eigentlich.

»Ja, killer, gerne. Wann denn? Und kann ich Putin mitbringen? Bin mit ihm unterwegs, weißt du ja.«

Duque lacht. »Ja, frag ihn ruhig. Und du kannst gerne ab morgen kommen, meine Türen stehen dir offen.«

»Alles klar, ich check das ab, Bratan. Wir sehen uns, davaj!«

Ich renne direkt ins Hotel, fahre hoch zu Putin und klopfe an seiner Zimmertür. Er macht mir im weißen Bademantel und Versace-Pantoffeln die Tür auf. Nicht schlecht das Outfit, aber man muss auch sagen, meine Pohuiletten knallen mehr. Hab schon paar Prototypen anfertigen lassen, bald bring ich die raus. Werden begehrter sein als Yeezys. Ich seh schon, die Leute campen dann vor Slavik-Store, wenn Pohuiletten-Drop ist. Warten alle in Russenhocke mit Campingkocher und machen sich Pelmeni, bis der Laden öffnet. HAAA!

»Wladimir, Bratan, der Präsident von Kolumbien hat mich grade angerufen, dieser Iván Duque. Ich soll morgen zu ihm kommen. Geht das klar? Weil dann musst du ja auch mitkommen wegen Flugzeug. Wird bestimmt witzig da.«

Putin grinst mich an und geht von der Tür weg zurück in sein Zimmer. Auf seinem Bett liegt sein Koffer mit zusammengefalteten Klamotten drin. »Würde ich sehr gerne, aber ich muss morgen früh leider zurück nach Russland.« Putin faltet eine seiner Hosen zusammen und legt sie in den Koffer. Blyat, hätte nicht gedacht, dass der selbst Koffer packt. Hätte gedacht, der putzt nicht mal Zähne selbst, jobani vrot.

»Hä, wie? Und ich, was mach ich dann? Muss Asmalbek jetzt doch Flug buchen, oder was? Nach Kolumbien auch noch, Blyat, das ja todesweit.«

Putin bekommt sein Grinsen nicht aus dem Gesicht. Obwohl wir jetzt paar Tage zusammen unterwegs waren, bin ich mir nicht immer ganz sicher, ob das was Gutes oder was Schlechtes bedeutet. Pizdez, das ist schließlich immer noch Putin.

»Mach dir mal darum keine Sorgen, Slavik, ich hab mich schon drum gekümmert. Du wirst hier gut weg- kommen, auch nach Kolumbien, vertrau mir.« – »Was sollen diese Spielchen jetzt? Was meinst du?« – »Ist ne kleine Überraschung. Vielleicht auch eine etwas größere. Komm morgen früh einfach zu dieser Adresse.«

Putin drückt mir einen Zettel in die Hand. Ich komm mir vor wie in der Schule, wenn man Spickzettel durch- gereicht hat. Aber auf Putins Zettel steht nicht Mathe- lösung, sondern ne Adresse und Uhrzeit. Blyat, hoffentlich macht der nicht so versteckte Kamera oder so n Scheiß mit mir, und wenn ich an der Adresse ankomme, wird Blamage des Jahres und dann geht das viral und ich lande in so peinlichen Reactionvideos von YouTubern.

»Und? Kommst du mit dahin?« – »Nein, Slavik, ich fliege heute Nacht. Ich komme noch mit zur Party und dann geht's für mich zurück nach Russland. Du wirst noch deinen Spaß haben auf der Reise, glaub mir. Und jetzt mach dich fertig, es geht gleich los zu Strache.«

Putin klopft mir auf die Schulter und macht mir die Tür auf. Wie soll ich den Abend jetzt genießen, Blyat, mit der komischen Ankündigung? Wollte eigentlich noch bisschen live gehen auf Insta vor der Party, aber jetzt kein Bock mehr, jobani vrot.

»Suka, Blyat! Was das für Scheißnetz hier?!« Putin schmeißt sein Handy in die Sofaecke und seufzt genervt.

Seit zwei Stunden sind wir bei Strache auf der Party, und das ist größte Müllparty, auf der ich je war. Die Villa ist zwar krass mit riesigem Balkon und Blick auf ganz Ibiza und das Meer, aber nichts los hier, Blyat. Fünfzehn Leute vielleicht hier.

Strache uns einmal kurz begrüßt am Anfang, und jetzt hängt der die ganze Zeit in so nem Nebenraum mit Kollegen von ihm aus Österreich. Johann oder so und die Frau von dem und noch irgendwelche Typen. Und sogar irgendeine Russin, die ist angeblich Milliardärstochter, aber Putin meinte, die ist voll die Blenderin. Die war auch übertrieben geschminkt. Glaube, der Zirkus war in der Stadt, aber die Clowns sind geblieben. HAAA! Boris war auch vorhin bei denen. Kein Plan, warum. Vielleicht, weil die sich schon kannten, Blyat.

Ich drücke Putin noch einen Wodka Martini in die Hand. »Bratan, was los?« – »Ich wollte Nachrichten gucken auf YouTube, Blyat. Wollte sehen, was Merkel auf Pressekonferenz gesagt hat. Aber ich hab hier nur E, jobani vrot. Ich muss mal den Anbieter wechseln.« – »Hast du noch Handyvertrag aus Sowjetunion? Ich schick dir mal Link zu meinem Vertrag, damit hast du unbegrenzt Datenvolumen und 5G auf ganzer Welt. Was glaubst du, warum ich die ganze Zeit Story machen kann? Du bist Präsident von Russland, du musst doch krasses Internet haben. Und hol dir Stream On, dann kannst du so viel YouTube und so gucken, wie du willst. Und zählt nicht mal als Verbrauch. Ich geb dir jetzt Hotspot, dann kannst du Merkel gucken.«

»Du bist der King, Slavik, danke dir. Hast du Merkel eigentlich schon mal getroffen? Ich kann dir gerne den Kontakt herstellen.«

»Danke, Bratan, aber ich will erst mal ohne Kontakte versuchen. Hab auch schon einen Plan, Blyat. Ich will die zu TikTok-Challenge herausfordern. Die macht doch immer diese Raute, wenn die Rede hält. Ich will Challenge starten, wer krassesten Tanz mit dieser Rauten-Geste macht, am besten zu Ostblock-Rap oder zu so Techno-brettern. Blyat, das wird zu lustig, wenn das viral geht und sie das sieht, und dann muss sie irgendwann reagieren, weil Rauten-Challenge das Internet auseinandernimmt, und dann treffen wir uns auch mal. Lädt die mich hoffentlich ein nach Deutschland.«

Pizdez, Deutschland so krass, will da unbedingt mal hin. Da ist Autobahn ohne Geschwindigkeitsbegrenzung, so geil, Blyat. Hat Asmalbeks Cousin schon immer von geschwärmt, als er uns früher besucht hat. Dann schön drüber brettern mit Präsidentenauto. Kickdown nach Berlin mit Fuß ausm Fenster. HAAA!

Putin lacht sich kaputt und stößt mit mir an. »Dann wünsche ich dir viel Erfolg dabei! Ich mache mich jetzt auf den Weg zum Flughafen. Viel Spaß dir noch.«

»Ach, Bratan, ich komme auch mit, ist doch eh reingeschissen hier. Asmalbek! Boris! Davaj, kommt, wir hauen ab!«

Wir trinken unsere Gläser aus und gehen den Flur entlang Richtung Ausgang. Die Villa ist zwar groß, aber Inneneinrichtung auch todeslangweilig. Einfach alles weiß gefliest, Blyat. So klinisch hier, jobani vrot. Wenn ich mal irgendwann krank bin, sag ich einfach, ich will zu Strache in die Villa, weil ist wie Krankenhaus. HAAA!

»Slavik, lass uns noch kurz verabschieden.« Putin deutet Richtung Nebenraum, wo Strache hängt. Wir öffnen die Tür. Pizdez, hier riecht's wie in 'ner Kneipe. Auf dem Glastisch steht alles voll mit Gläsern, Flaschen und Energydrinks. An den weißen Wänden hängen komische, beige Kunstwerke. Strache hängt rauchend mit der Russin auf dem durchgesessenen Sofa, das genauso hässlich aussieht wie die Möchtegern-Kunstwerke an der Wand. Die anderen Leute sitzen drumherum. Strache steht angestrengt auf.

»Servus, ihr beiden! Griaß eich! Gfoid's eich?« – »Heinz-Christian, mein Guter, ich muss leider los nach Russland. Du weißt ja, die Geschäfte warten nicht.« Strache lacht und stößt dabei auf. Blyat, seine Fahne riecht wie ne Mische aus ner Großraumdisco. Wenn die Öffentlichkeit wüsste, was hinter den Kulissen abgeht. Können froh sein, wenn sowas nicht rauskommt.

»Mensch, schade, aber hattest du ja angekündigt, dass du nicht lange kannst. Aber du, Slavik, du bleibst doch noch, oder? Setz dich ruhig, wir besprechen grade interessante Dinge!« Strache bietet mir den Platz neben sich an. »Nein, Bratan, ich muss morgen früh nach Kolumbien, sorry.« »Boah, Kolumbien, da war ich noch nie! Dann danke euch für den guten Abend, hat Spaß gemacht!«

Strache ist unnötig laut am Reden. Er spricht richtig in so ner Lautstärke wie so Lifecoach-Opfer, die einem

Reichtum versprechen. Glaube, der hatte heute auch schon was aus Kolumbien. Und wie hacke ist der, dass er sagt, wir hatten guten Abend? Original nur begrüßt und verabschiedet. Putin, Asmalbek, Boris und ich grüßen noch einmal in die Runde und gehen raus vor die Villa. Mittlerweile ist es dunkel. Putins Fahrer wartet bereits.

»So, Slavik, du müsstest dir ausnahmsweise ein Taxi bestellen. Zeit, um Abschied zu nehmen. Es war mir ein Fest und eine Ehre mit dir.«

»Bratan, danke dir für alles, war ein baba Trip!«

Wir geben uns Bruder-Check und Putin steigt ein. »Und sei morgen pünktlich bei der Adresse. Sag Bescheid, wie es dir gefällt«, ruft Putin noch aus dem Auto, bevor er wegfährt. Blyat, was hat der organisiert?

19
VIVA COLUMBIA

Das hat er nicht wirklich getan! Blyat, das kann nicht wahr sein. Asmalbek, Boris und ich quetschen unsere Gesichter ungläubig an die Autofensterscheibe. Wie kleine Kinder am Süßigkeitenladen. Unsere Münder sind offen wie die Grenzen in Europa. HAAA!

Wir fahren im Taxi über ein verlassenes Flughafengelände auf einen riesigen Hangar zu. Alles, was ich hab, ist dieser Zettel von Putin. Ich prüfe noch mal die Adresse. Die stimmt. Pizdez, das sieht so aus wie die Location für die finale Szene in nem Actionfilm, wo der Bösewicht denkt, ihm kann nichts mehr passieren, und er mit der Beute auf Bahamas flüchten will, und dann kommt plötzlich Bruce Willis.

Fast eine Stunde sind wir hierher gefahren. Taxifahrer macht Schnapp seines Lebens amk. Der Taxameter steigt fast so schnell wie meine Followerzahlen. HAAA! Drumherum ist einfach Nichts, nur alles abgezäunt und Grün überall. Wenn man Fenster bisschen runtermacht, hört man weit entfernt im Hintergrund das Meeresrauschen. Vielleicht werden da grade meine AirPods angespült. Hab' ich gestern im Meer verloren jtm. War vielleicht nicht die beste Idee, damit ins Wasser zu gehen und Facetime mit Mama zu machen. Blyat, ich weiß nicht, meine wievielten AirPods das waren. Ich verlier öfter AirPods als Trump seinen Verstand. HAAA!

Die Mittagssonne knallt wie Solarium, aber das ist nicht der Grund, warum ich grade ins Schwitzen gerate. In dem Hangar steht ein riesiges Flugzeug, genauso eins wie das von Putin. Komplett in Weiß und mit kranken Designs. Designs für mich. Hinten auf dem Ruder ist einfach rote Silhouette von mir in Russenhocke drauf. Da, wo sonst Zeichen von Lufthansa oder so ist, Blyat. Jooob, das mach ich mir auch direkt auf meine G-Klasse, wenn ich wieder in Kirgistan bin. Die Spitze vorne sieht aus wie Fahne von Kirgistan und über den Fenstern steht in roten, großen Buchstaben »BLYAT!«.

Ich bin so am Zittern wie früher in Plattenbau im Dezember, wenn Heizungspumpe mal wieder defekt war oder wir die Rechnung nicht zahlen konnten. Bin so aufgeregt, dass ich fast vergessen hätte, Story zu machen, jobani vrot.

Wir fahren in den Hangar, das Taxi wird langsamer. Blyat, der Taxifahrer denkt locker, er wird gleich für Lösegeld eingetauscht. Unten am Flugzeug warten ein dicker Typ in Pilotenuniform und eine blonde Stewardess. Wir steigen aus, der Pilot kommt auf uns zu und drückt mir ein iPad in die Hand.

»Herr Junge, da sind Sie ja! Herzlich Willkommen bei der Air Slavik! Ich bin Pilot Timur, das ist Stewardess Adriana. Ach ja, und derjenige, der für das Ganze hier verantwortlich ist, hat eine kleine Nachricht für Sie.«

Timur hat auf jeden Fall heftige Geheimratsecken und sein Pilotenhemd bisschen zu sehr aufgeknöpft. Der hat mehr Haare auf der Brust als auf dem Kopf, Blyat. Und seine Geheimratsecken glänzen vom Schweiß. Hoffentlich blendet er damit nicht andere Flugzeuge in der Luft. HAAA!

Er drückt mir das iPad in die Hand, es öffnet sich ein Video. Man sieht Putin vor dem Flugzeug stehen. Er hat den gleichen Anzug an wie gestern auf der Strache-Party, und die Halle ist komplett beleuchtet. Blyat, hat der das gestern Nacht noch aufgenommen vor seinem Abflug, oder was? Ich drücke auf Play:

> »Slavik, Bratan. Ich gratuliere dir zu deinem ersten eigenen Präsidentenflieger. Du fliegst jetzt auch in Flugzeugen wie ich, denn das hier ist einer meiner vier Flieger. Ich kann ja eh nicht alle nutzen, deswegen ist das hier mein ganz persönliches Geschenk an dich. Ich hab dir ja schon angekündigt: Vielleicht hab ich irgendwann mal einen Regierungsflieger übrig für dich. Ging jetzt ziemlich schnell. Den kannst du in deiner gesamten Amtszeit behalten. Danach kannst du ihn mir abkaufen, falls du bis dahin übertrieben reich bist. Vielleicht durch Tipico oder durch dieses … wie heißt das, was du manchmal machst? Wo alle mit Spenden reich werden im Internet? Twitch? Ist ja auch egal. Jedenfalls viel Spaß mit dem Flugzeug

und mit Timur und Adriana. Und viel Spaß in Kolumbien!«

Putin lächelt in die Kamera und das Video ist vorbei. Pizdez, wie soll ich mich jemals dafür revanchieren? Soll ich ihm Raumschiff kaufen, oder was, Blyat? Dann werden die Russen wenigstens die ersten Menschen auf dem Mars, jobani vrot. Jetzt weiß ich auch, warum Duque meine Nummer hatte. War alles von den beiden geplant, Blyat.

Ich gehe etwas vom Flugzeug weg und rufe direkt Putin an. Geht nicht ran, Blyat. Locker im Termin oder so. Dann mach' ich wenigstens schon mal Sprachnotiz: »… auf jeden Fall noch mal tausend Dank, Bratan, ich kann's nicht oft genug sagen. Darauf müssen wir eine dicke Pfeife rauchen, wenn wir uns das nächste …«

Suka Blyat! Ausgerechnet jetzt ruft Hoke an. Pizdez, ich hab grade 2:53 Minuten Sprachnotiz aufgenommen, solange hab ich noch nie gemacht, Blyat. Und jetzt hat der abgebrochen. Ich schick jetzt einfach so ab, kann ich Putin ja erklären in zweiter Notiz. Kennst du das, wenn man die Person dann hasst, obwohl die ja nicht wissen kann, dass man grade aufnimmt? Blyat, ich drück Hoke jetzt aus Prinzip weg und gehe zurück zum Flugzeug. »Jungs, wir können los!«

»Das hast du dir absolut verdient, Bratan!«, ruft Boris mir anerkennend zu. Der ist eigentlich echt korrekt, muss man sagen. Asmalbek sieht man auch an, wie er es nicht glauben kann, wohin wir es geschafft haben. Vom Tellerwäscher zum Millionär. Oder besser gesagt: Vom Cola-flaschen-Bizness zum Flugzeugbesitzer. Weil ich sage ja immer: Wer Tellerwäscher ist, wird nicht Millionär, sondern durch Spülmaschine ersetzt. HAAA!

Wie es hier im Flugzeug aussieht, brauche ich ja nicht noch mal erzählen, Blyat. Ist eins zu eins eingerichtet wie das, in dem wir mit Putin unterwegs waren. Kannst du noch mal lesen in Kapitel 16, wie's hier aussieht, jobani vrot.

Empfehl ich eh, ganzes Buch mehrmals zu lesen, sonst checkst du nicht alles. Slavik Junge sollte Pflichtlektüre werden an Schulen. Der neue Goethe kommt aus Kirgistan. Und wenn Lehrer fragt, was sich der Autor bei irgendwelchen Passagen gedacht hat, sagst du einfach: Mir doch pohui, das ist Entertainment, Blyat! HAAA!

»Hijo de puta!« Das weiß selbst ich, was das heißt. Unser Fahrer ist wild am Gestikulieren und schreit und hupt irgendwelche Kinder an, die am Straßenrand Fußball spielen. Wir sitzen alle in nem Kleinbus und fahren durch Bogotá zu Duque. Diesmal pennen wir nicht im Hotel, sondern in Privatresidenz von Duque.

Blyat, Bogotá ist andere Welt. Gestern Ibiza, heute Bogotá. Von der Skyline zurück zum Bordstein, jobani vrot. Im wahrsten Sinne des Wortes, Blyat. Der Flug hat so lange gedauert. Die eine Hälfte hab ich geschlafen und die andere Hälfte noch mal letzte Staffel »Narcos« geguckt zur Einstimmung. Es sieht hier einfach genauso aus wie in der Serie. Jeder Typ sieht aus wie Läufer von Escobar. Von der Skyline zum Koksstein, Blyat. Ich hab sogar den Soundtrack im Ohr, während wir hier durch die Gassen fahren.

Hoffentlich sind wir gleich bei Duque. Luftfeuchtigkeit ist hier noch höher als der Reinheitsgrad von Kokain. Blyat, das ist wie mobile Sauna mit mehrfachem Aufguss hier. Der Kleinbus hat natürlich auch keine Klimaanlage, Blyat. Wenigstens sind die ganze Zeit die Fenster offen.

»Aaah, herzlich Willkommen in Bogotá!«, ruft uns Duque mit einem breiten Grinsen und Zigarre in der Hand entgegen, als wir bei ihm ankommen.

Seine Villa liegt mies abgelegen. Wir mussten erst mal voll lange durch endlose Landschaften rausfahren und die Straßen hierher bestehen nur noch aus Kies und Sand. Der Bus hat auf der Fahrt mehr Staub aufgewirbelt als Snowden mit seinen NSA-Enthüllungen. HAAA!

Seit dreihundert Metern stehen ständig Leibwächter mit Maschinengewehr am Straßenrand. Voll angenehme Atmosphäre, jobani vrot. Duque lehnt etwas zu lässig mit Sonnenbrille, beigen Shorts und einem gelben Poloshirt am Torbogen, der zu seinem riesigen Anwesen führt. Hautton Ledersofa. Pizdez, er ist im Kopf auf jeden Fall bisschen zu jung geblieben. Du bist nicht Pierce Brosnan, Blyat. Hat sich locker letztens Snapchat gemacht.

»Hacienda Duqueles« steht auf seinem Torbogen, auf dem ein Kleinflugzeugmodell platziert ist. Pizdez, er hat sich einfach Anwesen von Pablo Escobar nachbauen lassen. Und ich dachte, ich bin Angeber mit meinem Palast, Blyat.

Mit seiner Zigarre zwischen den Zähnen klopft Duque an die Scheibe. Ich mache die Schiebetür auf, Duque

172

springt in den Bus. »Slavik! Freut mich, dass das so schnell geklappt hat! Ich hoffe, dein Premierenflug in der Air Slavik verlief angenehm. Schickes Flugzeug, das der Wladimir dir geschenkt hat. Er hat mir Bilder geschickt bei WhatsApp. So, ich führe euch erst mal zu meinem bescheidenen Anwesen. Ich hab sogar einen eigenen Zoo.«

Duque pustet Zigarrenrauch aus und gibt dem Fahrer ein Zeichen, dass er weiterfahren soll. Pizdez, irgendwie bin ich mir noch nicht ganz sicher, ob ich ihn einfach nur komplett komisch finde oder ihn übelst feier.

Der Bus fährt Richtung Villa. Links sieht man Flamingos rumstehen, rechts Nilpferde in Tümpeln. Zum Glück hat Duque noch mal gesagt, dass er einen Zoo hat. Wäre mir sonst gar nicht aufgefallen. Überall stehen Kakteen rum. Er kann sich auch nicht entscheiden, ob Narcos oder Narcos Mexiko. HAAA! Vielleicht finde ich ihn auch nur komisch, weil ich mich bisschen in ihm wiedererkenne. Ist grade, wie wenn ich in Spiegel gucke. In einen Spiegel, von dem sehr viel Koks gezogen wird. HAAA!

Wenn ich Präsident von Kolumbien statt Kirgistan wäre, würde ich mir locker auch so n Quatsch kaufen. Aber wenn ich Nilpferde nach Kirgistan hole, sterben die im Winter direkt an Kältetod, Blyat. Vielleicht ist so Kinder Choco fresh entstanden. HAAA! Naja, dafür habe ich in jedem Zimmer Shisha stehen, das ist auch baba. Was soll ich mit Kakteen, wenn ich auch Kaktus-Ice haben kann. Dowajst schon, was ich meine.

Am Villaeingang nimmt Duques Haushälterin unsere Koffer entgegen. »Maria bringt euer Gepäck auf die Zimmer. Der Gästebereich ist im Südflügel. Kommt, ich zeige euch erst mal meinen Garten.« Duque führt uns durch die Gänge der Villa nach draußen und bleibt vor dem Pool stehen.

In dem Pool könnte man Olympische Spiele stattfinden lassen, Blyat. Größer als Freibad, jobani vrot. Der Poolboy verjagt grade einen Flamingo vom Beckenrand. In was für nem Film bin ich hier gelandet, Blyat?

Der Poolboy trägt sein kurzärmliges, hellgrünes Hemd offen und sieht auch aus wie Läufer von Escobar. Links und rechts von uns stützen breite weiße Säulen das Dach der Terrasse. Hinter dem Grundstück sieht man überall nur Bäume. »Na, Freunde ist das was?« Duque guckt uns erwartungsvoll an, wir nicken alle. »Ach ja, die ganzen Wälder hier drumherum sind nicht nur ein super Sichtschutz vor Paparazzi.«

Duque zwinkert uns zu, als müssten wir genau wissen, wovon er spricht. Was labert der, Blyat? Was soll sein mit dem Wald? Ist er Pfadfinder, oder was? Ich dachte, wir hängen jetzt einfach im Pool rum. Was man halt die ganze Zeit so macht als Präsident.

»Entweder fahren wir hier auf den Gewässern ringsherum Jetski, oder ich zeige euch die Wälder. Ach, ups, mit Jetskis hattet ihr zuletzt ja nicht so gute Erfahrung. Ich zeige euch wohl besser die Wälder.« Das Wort »Wälder« hat er betont. Duque lacht wie ein Freak und zwinkert uns wieder zu. Blyat, nur weil Erwachsene als Einzige unironisch den Zwinker-Emoji benutzen, muss er doch nicht in echt die ganze Zeit zwinkern. Sieht nicht gesund aus, Blyat.

»Bratan, also von uns hatte keiner schlechte Erfahrungen mit Jetskis. Das war nur von Conte der …« – »Ja genau, das war nur der Conte-Typ! Slavik ist super gefahren!«, ruft Boris dazwischen. Was n mit dem los? »Ja, ja, ich weiß. Jetzt macht euch kurz frisch, dann machen wir mal einen kleinen Waldspaziergang.«

Pizdez, wenn Duque unbedingt in den Wald will, soll er doch direkt sagen. Kennt du das, wenn Leute so tun, als hätte man eine Wahl und ihnen wäre pohui, welche Option man wählt? Schlimmste, Blyat. Ist wie mit Frauen Restaurant auswählen. Oder Film. Pizdez, daran sind schon die besten Ehen zerbrochen. Merk dir, wenn sie sagt, ihr macht es nichts aus, »Stirb langsam« zu gucken, dann mach auf keinen Fall »Stirb langsam« an. Aber gut, wenn Duque in Wald will, gehen wir halt in Wald. Ich bin zu Gast und gut erzogen, jobani vrot. Und natürlich auch Taktiker, Blyat. Investiere erst mal in die Beziehung zu ihm. Könnte mir vielleicht irgendwann noch mal was nützen.

»Zack! Zack! Zack!« Bin mir nicht sicher, ob ich mit Indiana Jones oder dem Präsidenten von Kolumbien unterwegs bin. Duque läuft vorneweg und haut mit ner Machete brüllend die Pflanzen zur Seite. Inzwischen hat er auch einen braunen Hut auf wie Abenteurer. Asmalbek, Boris und ich laufen ihm gestresst hinterher.

Timur und Adriana sind in der Villa geblieben. Blyat, die liegen jetzt am Pool und ich bin hier im Dschungel.

Wie C-Promis. HAAA! Ständig fliegen einem eklige Viecher ins Gesicht. Hab mehr Insekten im Mund als Besucher von Thailand-Märkten. Wenn heute nicht wieder irgendein Politiker anruft oder spontaner Termin ansteht, flieg ich danach erst mal zurück nach Kirgistan. Drei Länder in vier Tagen bereist, Blyat. Ich brauch wieder Pelmeni.

Man hört Stimmen und sieht Dampf zwischen den ganzen Bäumen aufsteigen. Was geht hier ab? »So, wir sind sofort da. Da ihr inzwischen alle über den Präsidenten-Club Bescheid wisst, vertraue ich euch, denn das hier darf natürlich auch nicht an die Öffentlichkeit geraten. Aber ich sag mal so: Wir haben doch alle unsere Leichen im Keller.«

Vor uns tauchen vier große Holzhütten auf. Zwei links, zwei rechts, dazwischen ein matschiger Weg. In den Hütten sind überall große, lange Tische mit Folie ausgelegt, blaue Fässer und Kochtöpfe. Locker zwanzig Frauen und Männer laufen hektisch rum und arbeiten. Die stellen einfach Koks her, Blyat. Warum hat Duque uns eigentlich einen eigenen Weg hierher geschlagen mit der Machete? Hier sind doch überall Zufahrtswege. Hinter den Hütten stehen mehrere Geländewagen auf einer Wiese mit kiloweise abgepackten Kokainpaketen.

Pizdez, der Präsident von Kolumbien betreibt eigene Drogenlabore. Vielleicht hätte ihm mal jemand sagen sollen, dass es auch noch andere Serien auf Netflix gibt. Der ist ja komplett hängengeblieben, Blyat. Gestern mit diesem komischen Strache gelabert, heute mit Koks-Duque im Wald. Pizdez, Politiker sind echt anders.

Mit den Händen in den Hüften stellt Duque seinen linken Fuß auf den Treppenstufen von der einen Hütte ab. Steht da wie Captain Morgan.

»Bratan, was los mit dir? Wieso machst du so auf Drogenboss? Was, wenn das rauskommt?« – »Ach, Slavik, mach dich locker. Ich dachte, du bist cool. Das fliegt nicht auf. Hier sind 170 Hektar Grund und drumherum bauen wir Kartoffeln und Zwiebeln an, zur Tarnung.«

»Ja, Bratan, normal bin ich cool. Kannst du ja auch machen, ist krass. Aber auch bisschen riskant als Präsident, oder nicht? Ich meine, wenn ich das mache, ist das was anderes. Du musst doch seriöser Präsident sein. Ich bin Slavik Junge. Nicht jeder kann Slavik Junge sein. Man wird als Slavik Junge geboren oder nicht.«

»Seriös? Dass ich nicht lache. Wir sind in Kolumbien, alle sind geschmiert. Wir haben unsere Mittelsmänner. Ich mache das hier alles mit dem Botschafter aus Uruguay, wir haben uns richtig was aufgebaut. Mindestens eine Tonne produzieren wir pro Monat und exportieren über den Flughafen El Dorado. Was glaubst du, warum ich mir einen eigenen Zoo leisten kann? Von meinem lächerlichen Präsidentengehalt?«

Man sieht richtig, wie die Laune in Duques Gesicht schlechter wird, wenn er über sein Präsidentengehalt spricht. Blyat, kriegt der Mindestlohn, oder was? Davon abgesehen riecht's hier auch komisch. Bisschen verbrannt irgendwie. Wie unser alter Toaster im Plattenbau. Glaube, den haben meine Eltern seit dreißig Jahren. Wenn man den ab und zu umdreht, kommen da schwarze Brotstücke aus der Zeit vom Kalten Krieg raus. Und so riecht's hier. Frage mich, ob das normal ist.

»Jetzt haben wir aber genug geredet, lasst uns zur Sache kommen. Ihr wollt doch bestimmt mal testen, oder nicht? So frisches Kokain hattet ihr noch nie, das könnt ihr mir …«

»FUEGO! FUEGO! ATENCIÓN!« Jobani vrot, plötzlich fangen die Arbeiter hinter uns an zu schreien. Wir drehen uns um und sehen meterhohe Flammen hinter den Hütten aufsteigen. Der Rauch verbreitet sich schneller als bei Pyroshows von Zenit-Fans. Alle Arbeiter laufen wild durcheinander und schmeißen die Fässer um. Ein paar sind clever und stecken sich noch schnell Kokspakete ein und hauen mit den Geländewagen ab. Andere flüchten einfach in den Wald. Duque fällt vor Schreck seine Kreditkarte aus der Hand, mit der er uns grade Lines vorbereitet hat. Er reißt seine Augen auf wie Cartoonfigur.

»EEEYYY! STOOOOOPP! BLEIBT STEHEN! LASST DAS KOKS HIER! KEINER VERPISST SICH!«

Ich sehe, wie die Dollarzeichen in Duques Augen in Flammen aufgehen. Pizdez, nur leider kommen die echten Flammen auch immer näher. Asmalbek und Boris sind schon losgerannt.

»Junge, Duque, Bratan, scheiß auf das Koks. Willst du hier gegrillt werden wie Hähnchen? Komm jetzt!« Ich reiße Duque am Ärmel und wir rennen zurück Richtung Grundstück. Eigentlich müssten wir noch ne Nase ziehen, dann wären wir schneller. HAAA!

20
KING TRIFFT QUEEN

»Pizdez, gib dir mal bisschen Mühe, Bratan!« Asmalbek gibt mir wieder sein iPhone und rennt zurück zum Brückengeländer. Suka Blyat, zum vierten Mal muss ich jetzt Bild von ihm mit dem London Eye im Hintergrund machen. Will er unbedingt Valentina schicken, nur weil die hier mal als Kind drauf war. Ihr Cousin ist irgendwann nach London ausgewandert und hat Barbershop aufgemacht, deswegen war die schon paar Mal in der Stadt. Die war damals locker die erste Kirgisin, die jemals auf London Eye war.

Blyat, weißt du noch, wie ich in Kolumbien meinte, ich will mal wieder nach Kirgistan, statt die ganze Zeit rumjetten? Und jetzt stehe ich in London. Wie der Big Ben. HAAA!

Heute Morgen sind wir angekommen. Wir sind in Kolumbien in diesem Kleinbus von Duques Anwesen geflüchtet und haben uns dann verpisst mit meinem Flugzeug. Auf dem Rückflug sind dann auch noch die Sauerstoffmasken aus Versehen runtergekommen, hat Timur irgendwie ausgelöst. Der war wahrscheinlich auch gestresst, Blyat, obwohl er ja eigentlich nur am

Pool lag. Zu wild alles. Duque wollte unbedingt dableiben und seine Villa verteidigen wie Tony Montana bei »Scarface«, Blyat. Der ist komplett gestört. Sitzt jetzt in U-Haft und wird angeklagt. Wenn Koksplantage beim Präsidenten gefunden wird und halber Wald abbrennt, helfen auch paar korrupte Bullen nichts mehr. Die vermuten Brandstiftung, aber wissen noch nicht, von wem.

Noch während ich mit Duque aus dem Wald gerannt bin, hat Boris Johnson mich angerufen. Dieser Premierminister von Vereinigtem Königreich. Blyat, er war so dumm und hat nicht WhatsApp-Call gemacht, sondern normales Telefonat. Dem ist auch alles pohui. Will nicht wissen, wie viel er für Roaming gezahlt halt. Kann nur für ihn hoffen, dass er baba Flatrate hat mit gutem Auslandspaket.

Jedenfalls will Johnson meine Einschätzung haben zum Brexit. Das entscheiden die am Ende der Woche. Er braucht eine Einordnung von außen. Und da fragt er natürlich Slavik Junge, ist doch klar. Blyat, hab vorhin kurze Zusammenfassung zum Brexit bei IGTV geguckt. So kompliziert. Glaube, die wissen selbst nicht mehr, worum es geht. Deswegen helfe ich jetzt. Slavik Junges Weisheiten helfen immer.

Ich musste auch erst mal googlen, wie Johnson aussieht, aber Blyat, hab mich dann richtig erschrocken. Jetzt weiß ich: Der braucht nicht nur Hilfe bei Brexit, sondern auch dringend bei Frisur, jobani vrot. Pizdez, wie kann man morgens in Spiegel gucken und sich denken »So geh' ich raus«? Kann froh sein, wenn bei ihm keine

Vögel auf Kopf landen und Eier brüten. Dann hätte er British breakfast direkt aufm Kopf. HAAA!

Neben Asmalbek sind die ganzen Pärchen am Knutschen. Blyat, hier auf romantisch tun und zwei Monate später auseinander, kennt man doch. Knutschende Pärchen sind noch nerviger als Instagram-Profile von hübschen Mädchen, die auf privat gestellt sind, jobani vrot. Was interessiert die Leute überhaupt alle dieses London Eye? Jede Kirmes hat so ein Riesenrad. Vielleicht sollte ich aber auch so eins bauen in Kirgistan, für Tourismus. Ich lasse Bischkek Eye bauen. Werbeslogan dazu wird »Mach kein Auge«. HAAA!

Endlich ist Asmalbek zufrieden mit seinem Foto. Wir rufen uns eins von diesen komischen Taxen, die aussehen wie Auto von Mr. Bean, und fahren zurück zu unserem Hilton-Hotel. Ich muss nämlich noch mal Outfit wechseln vor Termin mit der Queen. Ja, Blyat, du hast richtig gelesen. Hab zu Johnson gesagt, ich berate ihn nur, wenn er mir noch kurz Treffen mit Queen klarmacht. Die ist einfach Legende, und sie hat direkt zugesagt. Ich habe also quasi ein Match mit der Queen. King trifft Queen. HAAA!

»Slavik, der Fahrer ist da!« Asmalbek klopft an meine Hotelzimmertür. »Ja, Bratan, ich komme.« Ich checke noch mal im Spiegel, ob mein Jogginganzug richtig sitzt. Hab mir extra weißen MA4-Jogger ins Hotel liefern lassen aus meiner eigenen, neuen Kollektion. Elit, Blyat.

Wir fahren runter in die Lobby und gehen zum Eingang. Pizdez, pohui, in welchem Land, jedes Mal gucken

die Leute dumm, wenn so Asi wie ich durch ihre Bonzen-
hotels läuft. Jooob, die Queen hat uns einfach Rolls Royce
geschickt zum Abholen. Asmalbek, Boris und ich steigen
hinten ein. Der Fahrer dreht sich um und lächelt uns
charmant an. »Guten Abend, Mister President!« Pizdez
Blyat, hab mich fast an Kaugummi verschluckt. Der Fahrer
ist einfach James Bond. Also der Schauspieler von dem
halt. Dieser Daniel Craig. Sieht immer noch aus wie ein
Motherfucker in seinem Smoking.

»Daniel, Bratan, was machst du denn hier?« – »Ach,
du weißt doch, ich hatte kein Bock mehr auf die Rolle
als James Bond. Ständig Verletzungen und so. Hab genug
Millionen gemacht, jetzt mach ich auf locker den Fahrer
für die Queen. Wir kennen uns ja noch von Olympiade
2012.« – »Geil, Bratan, das nenn ich mal entspannte Rente.
Du hast also nicht nur Lizenz zum Töten, sondern auch
zum Queen fahren. HAAA!«

Craig lacht laut und gibt Gas. Wir fahren durch den
Londoner Nieselregen zum Buckingham Palace. Wetter
ist wie immer scheiße in England. Blyat, sogar jetzt im
Sommer ist hier grau und regnerisch. Von draußen
prasseln ein paar Tropfen an die Rolls-Royce-Scheiben.
Und ständig fährt man an diesen roten Telefonzellen
vorbei. Jeder Lauch macht Foto da drin. Die Ortsangabe
zu Londoner Telefonzelle wird auf Instagram locker öfter
benutzt als #ootd.

»So, Jungs, da sind wir.« Wir fahren an den riesigen, bunten Gärten vorbei zu einem Seiteneingang des
Buckingham Palace. Links und rechts vom Eingang stehen

diese Wachen mit rotem Anzug und den großen Hüten mit schwarzem Fell. Die müssen mal Seiten auf Null machen. HAAA!

Die beiden Bratans salutieren. Wie es sich gehört, wenn Slavik ankommt, Blyat. Irgendein Frackträger mit zurückgegelten Haaren empfängt uns. »Guten Tag, die Herren! Herzlich Willkommen im Buckingham Palace. Mein Name ist Franklin. Die Majestät erwartet Sie bereits. Folgen Sie mir.«

Blyat, Buckingham Palace ist anderes Level. Das ist das Doppelte von meinem Palast, Blyat. Ich mach direkt Weitwinkelfoto mit meinem iPhone. Man bekommt trotzdem nicht alles drauf, jobani vrot. Die Decken sind höher als mein Anspruch an Frauen. HAAA!

Hier hängen in einem Raum mehr Kronleuchter als in ganz Kirgistan, Blyat. Und überall weiße Stuckverzierungen. Ich hab mal Doku über Vatikan gesehen, so sieht das hier auch aus. Mischung aus Vatikan und Playmobil-Ritterburg.

»Meine Herren, die Queen.« Wir sind da. Franklin öffnet uns die Tür zum Zimmer von Elizabeth II. Pizdez, so viel Gold habe ich noch nie gesehen. Die Möbel, die Wände, die Decke. Ihr ganzes Zimmer ist in Gold, Blyat. Hat sie Transporter überfallen, jobani vrot? Frrrrrr. Und von der Decke hängt natürlich ein riesiger Kronleuchter. Die Queen hat bestimmt noch nie Geld zurückbekommen bei Stromabrechnung am Jahresende. HAAA!

Aber noch krasser als ihr Zimmer ist die Queen selbst. Sie sitzt im zitronenfarbenen Kostüm an ihrem Schreibtisch und streichelt mit ihrer rechten Hand eine weiße, schnurrende Katze. Mit der linken Hand raucht sie einfach E-Shisha, Blyat. Ihr Blick richtet sich vom PC-Bildschirm zu uns.

»Slavik, da bist du ja. Jungs, wie geht's?« Asmalbek, Boris und ich sind verwirrt. Ich muss mich kurz schütteln »Ähm, ja, gut. Und selbst? Du rauchst E-Shisha? Was da los, Elizabeth?« – »Na klar. Ich bin über neunzig, da muss man sich doch mal was gönnen. Hier, zieh' mal!« Die Queen hält mir ihre E-Shisha hin. Ich ziehe. Und muss todeshusten, Blyat.

»Pizdez, ganz schön stark! Aber schmeckt geil. Ziemlich süß. Was das für ein Geschmack?«

»Von meiner eigenen Liquidmarke. Kommt bald auf den Markt. Das ist Queen-Karamell.«

»Du bringst Liquid raus? Warum chillst du nicht einfach im Ruhestand? Und was machst du am PC die ganze Zeit?«

»Ich habe grade meine Aktien bei Uber gecheckt, da hab ich investiert, sieht gut aus. Einer in diesem Haus muss ja arbeiten. Warte, ich zeige euch was.« Mit einem kleinen Schubs verscheucht die Queen die Katze von ihrem Schoß und steht auf. Wir gehen raus, ein Zimmer weiter.

»Guckt euch meinen Charles an.« Die Queen stößt die leicht geöffnete Tür zum Nebenzimmer auf, wir bleiben davor stehen. Die Queen schaut in das Zimmer und guckt fast so sauer wie dieser orangene Emoji. Es ist kaum Licht im Zimmer, durch die runtergelassenen

Jalousien kommen nur ein paar Sonnenstrahlen. Blyat, dieses Zimmer ist das Gegenteil von royalem Lifestyle. Sieht aus wie bei so Zockern, die sie in Sendungen über Problemfamilien zeigen.

In der Ecke steht ein Einzelbett, und daneben eine Kommode, aus der zusammengestopfte Klamotten rausgucken, die Schubladen sind nicht richtig zu. Auf der Kommode steht ne Lavalampe, sonst keine Möbel. Nur eine verwelkte Stehpflanze in der anderen Ecke und überall liegen Folien von Schokoriegeln und ein Grinder rum. Es riecht mies nach Gras. Prince Charles sitzt auf einer abgegrabbelten Couch mit dem Rücken zu uns.

Die Couch steht vor einer komplett weißen Wand, auf die über einen Beamer Fortnite übertragen wird. Prinz Charles zockt einfach Fornite, Blyat. Der bemerkt uns gar nicht, weil der Sound über sein Headset so laut ist. Das ist bestimmt Spezialanfertigung für seine Ohren. HAAA!

Die Queen hält mit ihrer Hand die Türklinke fest und schüttelt verzweifelt den Kopf: »Und, Slavik? So einer soll mein Thronfolger werden? Fuck ey, ich muss den überleben! Ich bin über neunzig, ich hab doch gar kein Bock mehr, aber was bleibt mir übrig?«

»Pizdez, seit wann geht das denn schon so?«

»Ach, schon seit Jaaahren. Charles ist wie Benjamin Button: Je älter der wird, desto kindischer. Der ist über siebzig und zockt Fortnite. Manchmal macht er zwischendurch diese Tänze. Was habe ich bei dem Jungen nur falsch gemacht?!«

Sie macht die Tür zu und führt uns weiter den Flur entlang. »Weißt du, mein Junge, wenn ich ein Majorlabel wäre, ich hätte Charles nicht gesignt.« Die Queen lacht nicht mal dabei, so trocken sagt die das.

»Hätte ich einen Sohn wie dich, würde ich mir keine Sorge um die Thronfolge und die ganze Politik machen. Du bringst frischen Wind mit, bist ambitioniert. Aber du siehst ja, mit wem ich hier arbeiten muss. Ich kann schon verstehen, dass Harry und Meghan sich zu Netflix verpisst haben.«

»Und was ist mit Dings, Boris Johnson, Blyat?«

»Ach, hör mir auf mit dem. Boris ist halt ein Trottel. Dieser dahergelaufene Schreiberling wird plötzlich Premierminister. Ständig muss ich ihn beraten. Er fragt den ganzen Tag irgendwelche nervigen Sachen in unserer Regierungs-Telegramgruppe. Kein Wunder, dass er jetzt auch noch um deinen Rat bittet. Apropos Boris, die Sitzung im Parlament fängt gleich an. Daniel wird euch fahren. Nächstes Mal nehmen wir uns ein bisschen mehr Zeit, dann kannst du noch mehr Liquids von mir testen. Ich lasse dir auch welche nach Kirgistan schicken. Aber jetzt muss ich los.«

Die Queen tippt auf ihre zierliche Uhr. Pizdez, die ist locker mehr wert als alle Uhren von Rappern zusammen. Wobei, die sind ja eh meistens fake. Wie die Rapper selbst. HAAA!

»… und wenn ihr in der EU bleibt, Bratans, könnt ihr weiterhin Burberry-Schals zu nem guten Preis an Bonzen in Europa exportieren. Und Earl-Grey-Tee an Altersheime. Der Handel ist auch wichtige für Sicherung von Arbeitsplätzen jtm. Aber gibt natürlich auch einige Argumente für den Brexit, Blyat. Manchmal muss man aus Prinzip durchziehen. Allein gegen alle, ihr wisst schon, was ich meine. Außerdem kostet euch die EU jede Woche paar Hundert Millionen Pfund, Blyat, das kann man nicht mal mit Spielo rausholen. Und die schreiben euch einfach irgendwelche EU-Gesetze vor, als wären die eure Eltern. Also Fazit: Gibt ein paar Pros und Contras beim Brexit, wie immer im Leben. Aber wie immer im Leben gilt auch: Verstand schön und gut, doch ihr müsst auf euer Herz hören. Am Ende wird das Herz den Verstand besiegen. Vielleicht nicht auf den ersten Blick, aber auf lange Sicht schon. Gefühle sind stärker als jede Theorie. Also, hört auf eure Herzen, dann entscheidet ihr safe richtig, davaj!«

Das gesamte britische Parlament steht auf und applaudiert mir. Slavik Junge hat erneut eine flammende Rede gehalten. Ich gehe vom Rednerpult zurück und quetsche mich zu Boris Johnson auf die Bank. Britisches Parlament so eng, jobani vrot, wie überfülltes Klassenzimmer. Sieht auch aus wie Hogwarts-Kulisse. Bei dem ganzen Holz hier und den hässlichen grünen Bänken denkt man, man ist in die Vergangenheit gereist jtm. Kein Wunder, dass die immer noch Monarchie haben.

Johnson klopft mir anerkennend auf die Schulter. Er trägt einen dunkelblauen Anzug und Krawatte, wie alle anderen hier, Blyat. Außer mir natürlich. Pizdez, hier hat bestimmt noch nie jemand mit weißem Jogging-Anzug Standing Ovations bekommen. Als ich reinkam, ist denen fast ihre Teetasse aus der Hand gefallen, Blyat, aber ich konnte mal wieder mit Inhalten überzeugen.

»Beeindruckend, Slavik! Von deinem Engagement und dieser jugendlichen Dynamik sollten sich einige Politiker eine Scheibe abschneiden.« – »Danke, Bratan. Und wie entscheidest du dich jetzt wegen Brexit?« – »Das weiß ich noch nicht genau, aber du hast mir auf jeden Fall geholfen. Darauf trinken wir später. Heute Abend, neun Uhr, im Präsidenten-Club. Die Adresse schicke ich dir noch.«

Zum siebzehnten Mal schon kommt Konfettiregen von der Decke, nachdem sich minutenlang ein Beat aufgebaut hat. Überall sind Lichtershows und Nebelmaschinen. Mehr Nebel hier als bei Bild von Caspar David Friedrich. In den Ecken tanzen Poledancerinnen. Blyat, der Londoner Präsidenten-Club ist kein Vergleich zu dem in Venedig. Ich dachte, wird so kleiner Kreis mit paar Politikern, jobani vrot, aber hier ist Ausnahmezustand. Ganzes Parlament ist am Start mit Begleitung. Aber überall Handys verboten, Kameras von Smartphone werden am Eingang abgeklebt. Blyat, so kranker Abend und ich kann keine einzige Story machen.

Asmalbek und ich haben grade Dom Perignon geholt für sechstausend Pfund. Dowajst, Blyat, die Energie darf niemals weggehen. Was sind schon 6k, wenn du am Ende der Baba warst? Nur Boris ist leider nicht mehr dabei, der musste irgendwie kurzfristig zurück nach Kirgistan, irgendein dringender Termin.

Johnson, Asmalbek und ich stoßen euphorisch mit Champagner an. Wir brüllen uns an, um was zu verstehen. »Guck, Bratan, so macht man das! Ey, Energie ist jetzt da, aber du brauchst endlich mal ne neue Frisur!«

»Aber, Slavik, das ist doch meine Markenzeichen!« Johnson ist schon gut am Lallen.

»Valera, was ist das für ein Markenzeichen?! Deine Haare sehen aus wie so n Scherzeffekt in Instastory. Der Cousin von Asmalbeks Freundin hat Friseurladen, hier in London. Bester Friseur! Ich schick dir die Adresse bei WhatsApp. Locker kriegst du Haarschnitt umsonst, wenn du hinterher postest und ihn verlinkst!« – »Na, wenn du meinst, hör ich mal auf die jungen Leute. Danke dir, Slavik!«

Neben dem großen Dancefloor sind mehrere Darkrooms. Prinz Harry ist da einfach mit seiner Meghan drin verschwunden, jobani vrot. Blyat, wenigstens hatte er schwarzes Hemd an und nicht wieder Nazi-Uniform. Neben den Poledancerinnen stehen Käfige, in denen Hooligans von Chelsea und Tottenham gegeneinander kämpfen, man kann auf die Gewinner wetten. Von der Decke hängt eine riesige Glaskugel mit Wasser, da drin sitzt Prinz William als Walross verkleidet und singt Karaoke auf einer riesigen Leinwand, die über der Bühne hängt. Passt ja auch, Blyat, seine Frisur sieht aus wie bei nem Walross.

Theresa May hat sich grade von Prinz Philipp live auf der Bühne Zöpfe flechten lassen. So wie Prinz Philip aussieht, könnte man denken, es ist Halloweenparty und er geht als Zombie. HAAA! Jetzt ist die Queen auf der Bühne und macht Breakdance in altem Trikot von David Beckham und raucht dabei ihre E-Shisha. Sie hat sich grade schon Schulter ausgekugelt, aber macht trotzdem weiter Headspin, direkt neben den riesigen Boxen. Blyat, die kriegt doch locker gleich Herzinfarkt von dem Bass.

Ok, jetzt hab ich bisschen übertrieben mit Erzählungen. Aber war schon witzige Vorstellung, oder? Ach, ich hab keine Ahnung mehr vom restlichen Abend. HATTE FILMRISS, BLYAT!

21
MAKE KIRGISTAN GREAT AGAIN

»Ah, bist du auch mal wach um dreizehn Uhr? Hihi.«
Pizdez Blyat, hab ich mich erschrocken! Als ich meine
Augen öffne, ist ganz nah vor mir ein Schnurrbart. Also
wenn man das Bart nennen kann. So einen Bart hatte
ich in der dritten Klasse. Aber, Blyat, wie hart hab ich
gesoffen gestern? Wen habe ich abgeschleppt?

Die Person gibt mir einen Kuss und steht vom Bett
auf. Langsam erkenne ich, dass es eine blonde Frau ist.
Pizdez, bin ich beruhigt. Ihr ist Damenbart komplett
pohui. Sie zieht ihre Stöckelschuhe zu ihrem roten Abend-
kleid an. »Na dann, mach's gut, hat Spaß gemacht. Sag
Bescheid, wenn du mal wieder in London bist. Meine
Nummer liegt auf dem Nachttisch. Tschau, viel Spaß in
der Heimat!«

»Warte mal, wer bist du überha…«. Die Tür knallt
zu. Blyat, wer war das? Die war locker dreißig. Aber war
ja scheinbar gut.

Kennt ihr das, wenn man nach Saufen mit Filmriss
aufwacht, aber man erkennt an Geschmack im Mund,
dass man sich noch Döner oder so reingezogen hat
nachts, Blyat? Genauso geht's mir grade. Pizdez, dieses

Pappmaul so eklig. Und Sodbrennen, Blyat. Speiseröhre von mir ist mehr beschädigt als das Ansehen von Bill Clinton nach Lewinsky-Affäre. Mein Körper ist nur auf Wodka eingestellt, nicht so viel Champagner. Überall im Hotelzimmer liegen meine Klamotten verteilt. Zum Glück bin ich Präsident und kann auschecken, wann ich will. Endlich wieder nach Kirgistan heute.

Mein Handy vibriert. Twitter-Push-Nachricht. Blyat, ich hatte fast schon wieder vergessen, dass ich Twitter habe. Noch nie benutzt. Warte mal, was? @realDonald-Trump hat mich in einem Tweet erwähnt? Ich öffne die Twitter-App: »@slavik.ma4 come over, man! You're cool guy, I would like to see you in the white house for a nice lunch. I know you are in London right now. See you tomorrow.«

Hat Donald Trump mich grade zum Essen eingeladen? Pizdez, was das überhaupt für ein Start in den Tag? Ich brauch erst mal Ibuprofen, jobani vrot. Und ich muss direkt Putin anrufen. Kann ich eigentlich nicht bringen, mich mit Trump zu treffen ist, Putin ist doch mein Bratan. Außerdem sind grade US-Wahlen. Bin doch kein Wahlhelfer, jobani vrot. Aber kann auch schlecht Einladung ausschlagen von dem. Außerdem sieht seine Tochter ganz gut aus. Ich mach das einfach für Ivanka, nicht für Donald. HAAA!

Es klingelt bei Putin. Ich hätte vielleicht mal duschen sollen, bevor ich Facetime mache. »Yo, Slavik, Bratan, was geht? Wie war London? Freust du dich schon auf Trump?« Putin steht irgendwo mit nacktem Oberkörper und Cowboyhut an einem Fluss. Im Hintergrund stecken Angeln am Ufer.

»Hä? Hast du schon gelesen, oder was? Warum ruft der mich nicht an?« – »Du hängst echt zu viel auf Instagram rum. Trump kommuniziert alles über Twitter.« – »Ok, aber ey, kann ich da hin? Ist das nicht scheiße gegenüber dir, Blyat?« Putin grinst. »Weil Trump und ich Feinde sind? Slavik, das ist doch alles Show. Konkurrenz belebt das Geschäft, wir brauchen das für Promo. Wie die Rapper. Ich muss jetzt auflegen, da hat einer angebissen. Flieg da auf jeden Fall hin, davaj! Bis dann!«

Blyat, Slavik Junge fliegt nach Amerika. Das wollte ich immer schon mal machen. Ich bin ja eigentlich personifizierter American Dream. Kirgisischer Dream. Aus der Platte ins Weiße Haus. Make Kirgistan great again! HAAA!

»VORSICHT! NICHT ZU NAH AN DIE ROTOREN KOMMEN!«, brüllt so n Assistent von Trump, während wir aus dem Hubschrauber auf dem Südrasen vom Weißen Haus aussteigen. Wenn mir jemand vor nem halben Jahr gesagt hätte, dass ich die Queen treffe und am nächsten Tag nach Washington fliege und Donald Trump mich mit Hubschrauber abholen lässt, ich hätte denjenigen gefetzt, Blyat, und gefragt, ob er keinen Respekt vor mir hat.

Auf dem Weißen Haus weht die amerikanische Flagge. Weißes Haus sieht schon geil aus, Blyat, beeindruckendes Gebäude. Wusstest du, dass mein Palast auch Weißes

Haus heißt? Weißes Haus von Bischkek. Ist echt wahr, jobani vrot. Slavik macht schlau.

Wir gehen die Treppe hoch in Trumps Empfangshalle. Alles aus Marmor mit roten Teppichen. »Mister Trump ist grade noch auf der Sonnenbank, kommen Sie gerne mit«, sagt Trumps Assistent.

Blyat, hinter der offiziellen Empfangshalle ist quasi so, als würde man ein neues Gebäude betreten. Wir sind in einer Halle, locker so groß wie Baumarktparkplatz jtm. Links und rechts führen mehrere Gänge ins Innere. Der Boden ist komplett in Silber gehalten und ganz am Ende der Halle sind zwei Treppen nach oben zu einer Empore. Darunter ist ein Brunnen mit einer Weltkugel, die von drei goldenen Figuren gehalten wird. »The World Is Yours« steht da in rosa Neonschrift drauf. Der Spruch kann ja nur mir gewidmet sein. HAAA!

Auf der linken Seite der Halle ist eine Bar, und es fahren Cheerleader auf Rollschuhen rum, die Bestellungen aufnehmen, Blyat. Eine Blonde mit Stirnband und Pferdeschwanz fährt mit breitem Grinsen an mir vorbei und wird langsamer: »Hallo, was möchtet ihr trinken?« – »Einmal Sex on the Beach, bitte. Und zu trinken einen Wodka. HAAA!« – »Kommt sofort.« Die Cheerleaderin rollt davon. »Für mich auch, bitte«, ruft Asmalbek hinterher.

Blyat, wenn du denkst, gleich kommt wieder Auflösung, dass ich übertrieben habe, da kannst du lange warten. Pizdez, ich kann's selbst kaum glauben, wie es hier aussieht.

»Herr Trump befindet sich hier im Gang rechts, folgen Sie mir bitte.« – »Ja, warte, Bratan, unsere Drinks kommen grade.« Asmalbek und ich nehmen unsere Drinks vom Tablett der Cheerleaderin und gehen dem Assistenten hinterher. Blyat, was kommt da unter der Tür durch? Am Ende des Ganges strahlt grelles, hellblaues Licht aus dem Türschlitz.

»Hier, setzen Sie die bitte auf!« Trumps Bratan gibt uns zwei schwarze Brillen, wie bei 3D-Film im Kino, Blyat. Dann fehlt jetzt nur noch Popcorn. Ich würde gerne Popcorn-Trick bei der Cheerleaderin machen. HAAA! Dowajst schon, was ich meine.

Der Assistent hält uns die Tür auf. Pizdez, der Raum blendet wie mein Rolex-Ziffernblatt. HAAA! Wir befinden uns in einem riesigen weißen Raum, in der Mitte steht eine XXL-Sonnenbank, die aussieht wie aus Science-Fiction-Film. Blyat, sieht hier aus wie ein Forschungszentrum, in dem Astronauten für Weltallmission ausgebildet werden. Slavik Junge landet aber grundsätzlich nur auf Venushügel. HAAA!

Sonst ist hier nur ein Wandspiegel, und zwei Stühle stehen am Rand, auf denen Klamotten liegen. Was sind das für komische Klamotten, jobani vrot? Auf dem Stuhl hängen eine weiße Cordhose, ein hellblaues T-Shirt und ein weißes Sakko. Daneben stehen beige Wildlederschuhe.

Trump steht grade von der Sonnenbank auf. Er trägt auch eine Schutzbrille und so ne enge Unterhose. Sieht aus wie Familienvater im Freibad mit Speedo-Badehose,

Blyat. Trump wirft sich ein weißes Handtuch über die Schulter und kommt auf uns zu.

»Slavik, da seid ihr ja! Na, alles fit?« Trump hält mir und Asmalbek die Hand hin zum High-Five und lächelt so heftig, dass sein halbes Zahnfleisch zu sehen ist. Er macht richtig auf Gigolo mit weißen Brusthaaren, Blyat.

»Willst du auch mal auf die Bank, Slavik? Ist ein Spezialmodell, hab ich exklusiv bekommen vor der Markteinführung. Die perfekte Bräune in nur zwei Minuten. Probier's mal!«

Jetzt weiß ich auch, warum der immer aussieht wie Ernie, Blyat. Perfekte Bräune nennt er das, jobani vrot. »In nur zwei Minuten zur Krebserkrankung« sollte der Slogan sein. Aber gut, ich will natürlich nicht unhöflich sein. Während Trump sich seine Klamotten anzieht und aussieht wie bei Miami Vice, ziehe ich meine Klamotten bis auf Boxershorts aus und lege mich auf die Bank. Zum ersten Mal, dass hier Sixpack auf der Bank liegt. HAAA! Nach zwei Minuten komme ich wieder raus und gucke in den Spiegel. Blyat, bei mir sieht ja voll geil aus. Knusprig wie Toastbrot.

Jooob, aber ich bin im Spiegel nicht die einzige Schönheit. Erst jetzt sehe ich, dass Ivanka inzwischen im Raum ist. Ich drehe mich um, da steht sie tatsächlich auf Stöckelschuhen neben ihrem Vater. Mit enger, hellblauer Jeans, weißer Bluse und goldenen Creolen. Unsere Blicke treffen sich sofort, das spüre ich sogar durch die Schutzbrillen. Dann ist sie ja genau im richtigen Moment reingekommen, wenn Slavik grade seinen braungebrannten Adoniskörper präsentiert. Eigentlich müssten die Leute nicht sagen, man hat Adoniskörper, sondern Slavikkörper. HAAA!

»Slavik, darf ich dir meinen ganzen Stolz vorstellen, meine Tochter Ivanka.« Blyat, dachte immer, sein ganzer Stolz sind die USA. HAAA! »Freut mich sehr, ich bin Slavik.« Ivanka und ich lächeln uns an und geben uns eine Sekunde zu lang die Hand. Ich bin kurz verunsichert und versuche, schnell abzulenken.

»Trump, Bratan, bei mir hat ja ganz andere Wirkung auf Haut als bei dir.« – »Nicht schlecht, oder? Die Bank passt sich an die Genetik der jeweiligen Person an. Gut siehst du aus. So, zieh dich mal wieder an, dann führe ich euch mal ein bisschen rum.«

Trampolinhalle, Eisdiele, Casino, Kosmetikstudio, XXL-Carrerabahn, Indoor-Golfplatz: Blyat, Donald Trump gibt noch mal richtig Inspiration dafür, was ich mir in meinen Palast bauen kann. Er hat sich hier komplett eigene Welt erschaffen, jobani vrot. Seine Führung dauert länger als Museumsbesuch. Mittlerweile sind wir zwei Etagen unter der Erde. Ivanka ist leider im ersten Untergeschoss geblieben, irgendwas arbeiten. Aber hat mir noch mal zugelächelt am Ende, hab ich genau gesehen, Blyat.

»Als Nächstes kommen wir zur Schießhalle. Obama hatte sich hier eine Five-Guys-Filiale hingebaut, aber die hab ich abreißen lassen, ich wollte lieber bisschen rumballern. Ich hab leider gestern vor Wut meine ganze Munition verschossen, weil mein letzter Tweet unter hunderttausend Likes hatte, sonst hätten wir hier natürlich ein bisschen Spaß haben können.«

Trump zeigt Richtung Ende der Schießhalle, wo komplett zerfledderte Papierziele hängen. Pizdez, der muss mal weniger Cola Light trinken, tut dem nicht gut, Blyat.

»Bratan, was geht eigentlich mit Wahlen, hast du nicht voll viel zu tun grade? Sind doch schon Auszählungen, Blyat.« Trump lacht nur hämisch: »Was für ein Zufall, dass du es grade ansprichst. Die Frage wird sich bei unserer nächsten Station beantworten.«

Wir gehen den Gang runter, eine Tür weiter. »Jetzt kommen wir in einen Bereich, auf den ich besonders stolz bin. Mein eigenes Forschungszentrum.« Vor einer riesigen Glasscheibe stehen zwei Frauen und ein Mann in weißen Kitteln mit Klemmbrettern in den Händen und machen irgendwelche Notizen. Die nehmen uns gar nicht wahr, so konzentriert sind die, Blyat. An einer Seite im Raum sind mehrere Bildschirme mit Überwachungsaufnahmen und einer Tastatur und tausend Knöpfe. Hinter der Glasscheibe sind verschiedene Bereiche. Ganz links spielen Schimpansen Paintball gegeneinander. In der Mitte fahren Erdmännchen in Mini-Gokarts durch einen Parcours. Pizdez, was erforschen die hier?

»Und da hinten rechts ist unser wichtigstes Exemplar.« Blyat, was geht da ab? In einem fast kahlen Gehege mit ein paar Pflanzen steht ein alter Mann mit weißen Haaren und grauem Anzug in der Ecke und läuft immer wieder gegen die Wand. Blyat, wie GTA-Charakter, wenn man in Ecke läuft. »Nina, programmiere Joe bitte auf Schlafmodus um, der spielt verrückt. Der muss fit sein die nächsten Tage für die Journalisten«, sagt Trump zu der einen Forscherin.

Nina tippt auf den Knöpfen rum, Joe legt sich auf eine Baumrinde und schläft. Bisschen gruselig, jobani vrot.

»Wie ihr seht, wir haben die Wahl fest im Griff. Wir haben Joe vor zwei Jahren aus einem Altersheim geholt, da hat er ständig sein Radio angeschrien. Wir haben ihm dann einen Chip von Bill Gates installiert und als Kandidat für die Demokraten aufgestellt. Es ist also egal, wie die Wahl ausgeht, wir gewinnen so oder so, wir haben ihn fest in der Hand.«

Trump steht da mit einem sehr zufriedenen Blick. Blyat, der ist echt wahnsinnig. Komplett besessen von seinem Amt, jobani vrot.

»Deswegen werde ich auch gleich vor die Presse treten und schon mal meinen Sieg verkünden. Kommt, wir fahren hoch.«

Asmalbek, Trump und ich gehen wieder in den Fahrstuhl und fahren rauf ins Erdgeschoss. Im komplett weißen Fahrstuhl ist ein Flachbildfernseher in die Wand integriert, damit Trump immer alles Wichtige auf dem Schirm hat. Im wahrsten Sinne des Wortes. HAAA!

»Ich gehe mich noch kurz umziehen, ihr könnt euch gerne schon mal im Presseraum einen guten Platz suchen. Vielleicht hol ich dich auch kurz auf die Bühne«, zwinkert Trump mir zu und geht Richtung Privatbereich.

»Ach, Slavik, da fällt mir noch etwas ein«, Trump bleibt stehen und dreht sich um, »ich habe die Fahnen unten vergessen. Kannst du noch mal kurz runterfahren und die holen? Die sind im ersten Untergeschoss. Ivanka ist ja noch da, die weiß, wo die gelagert sind. Ich brauche fünfzig Stück. Danke dir!«

Jawoll, Jackpot, er schickt mich von sich aus zu Ivanka. »Ich kann auch mitkommen, dir helfen«, sagt Asmalbek. »Valera, nicht nötig, ich kriege das schon hin.« – »Soll ich nicht mitko…«« – »Debil Blyat, warte einfach hier.«

Ich fahre nach unten, die Fahrstuhltür öffnet sich. Ivanka steht vor dem Fahrstuhl mit einem Stapel Fahnen in der Hand. »Du kommst bestimmt deswegen, oder?« – »Ja, soll ich dir helfen?« – »Ach, das geht schon!« Ivanka kommt rein und drückt auf E. Wir fahren hoch, man spürt richtig, dass hier was in der Luft liegt. Und ich rede nicht von Covid-19. HAAA!

Pizdez, was ist jetzt los? Es ruckelt, der Fahrstuhl bleibt stecken. Muss ja kurz vor der Etage sein. »Ähm … rufst du Hilfe?« – »Slavik, das kann warten!«

Jooob, das ist die Antwort, die ich hören wollte. Ivanka schmeißt die Fahnen in die Ecke. Ich glaube, jetzt werde ich mal meine Fahne bei ihr hissen. HAAA! Sie drückt mich direkt an die Wand und fällt über mich hier. Pizdez, ich fühl mich wie Ana Steele. Hab ich Zunge bestellt? HAAA!

»Slavik, genau so! Ich komme gleich!« Jooob, Ivanka schreit so laut, ihr ist komplett pohui, ob das jemand hört. Die hat scheinbar Eheprobleme. Ich muss ihr den Mund zuhalten und geb noch mal Vollgas. Bin zwar noch nicht im Mile High Club, aber im Weißen Haus Tiri Piri mit Präsidententochter gemacht zu haben, kann auch nicht jeder behaupten. Ivanka knallt so hart gegen die Wand, dass der Fernseher von Baseball auf Nachrichten springt. Blyat, was macht meine Fresse da bei Fox News? »Archivaufnahmen« steht dabei.

»Slavik, warum wirst du langsamer?! Hör jetzt nicht auf! Slavik? Ey!« Ich reagiere gar nicht. Meine Augen sind nur noch auf den Fernseher gerichtet. »Wegen zahlreicher Verbrechen: Kirgistan fordert Auslieferung von Präsident Slavik Junge«, läuft unten durch den Newsticker. Ich komme plötzlich übertrieben ins Schwitzen. Und das liegt grade nicht an Ivanka. Ein unangenehmes Kribbeln rauscht durch meinen ganzen Körper, ich verspanne komplett. Mein Handy auf dem Boden leuchtet auf. Nachricht von Boris in unserer WhatsApp-Gruppe: »Bratans, wir haben ein dickes Problem.«

22
ALLES HUNDE

»Mann, geh mal weg jetzt! Da geht's um mich!« Ivanka begrapscht mich immer noch. Ich drücke sie zur Seite, sie kuschelt sich an mich. So ne Nervige, ey. Der Nachrichtensprecher liest die News vor. Im Hintergrund ist ein Instagram-Bild von mir eingeblendet, wie ich Russenhocke vor dem Putinflieger mache. Hab nie Pressebilder gemacht. Wofür Fotografen bezahlen, jobani vrot? Jeder hat doch geile Kamera in der Hosentasche. Außer Lauchs mit Android-Handy. HAAA!

»Dem kirgisischen Präsidenten Slavik Junge werden schwere Vorwürfe von verschiedenen internationalen Regierungen zur Last gelegt. Junge soll für den Waldbrand in Bogotá auf dem Grundstück des kolumbianischen Präsidenten Iván Duque sowie für den Jetski-Unfall in Venedig verantwortlich sein, in den ein Assistent des italienischen Präsidenten Giuseppe Conte in der vergangenen Woche verwickelt war. Außerdem wird Junge eine Liebesnacht mit Carrie Symonds nachgesagt, der Ehefrau des britischen Premierministers Boris Johnson.«

»Was? Die hast du auch gefickt?« Ivanka macht plötzlich den Fernseher auf stumm und schreit mich von Seite an. »Bedeute ich dir gar nichts?« – »Pizdez Blyat, ist dein Ernst gerade? Lass den Fernseher an! Ich muss hören, was die erzählen! Ich hab ganz andere Probleme, wie du vielleicht gesehen hast!«

Ich ziehe meine Boxershorts an und mache den Fernseher lauter. Ivanka steht da mit verschränkten Armen. Blyat, wie kann man so ADS haben? Als ob es hier gerade um sie geht. Pizdez, jetzt weiß ich aber auch, wer die Frau im Hotelzimmer in London war. Was ist sie für ne Verräterin, dass die mich direkt verpfeift bei Boris, Blyat? Aber stabile Quote. Johnsons Frau und Trumps Tochter geballert. Kirgisisch-Britisches-Amerikanisches Bündnis. Das magische Dreieck. Slavik Junge pflegt die Länderbeziehungen auf etwas andere Art. HAAA!

»Die Vorwürfe erfolgen auf der Grundlage eines Videozusammenschnitts, der vor wenigen Stunden in den Sozialen Medien online ging. Darin sieht man zunächst, wie eine Person in einem weißen Jogginganzug und sogenannten Pohuiletten an den Füßen im kolumbianischen Wald eine Zigarette in die trockenen Gräser schnipst. Die Person trägt zudem eine schwarze MA4-Cap. Anschließend folgt eine Sequenz, in der dieselbe Person in Venedig vor dem illegalen Rennen mit einem Schraubenzieher an einem der Jetskis hantiert. Aufgrund der Kleidung und des Entstehungszeitpunkts der Aufnahmen sind die Behörden von Slavik Junges Schuld überzeugt. Zu guter Letzt sieht man auf Aufnahmen von Überwachungskameras Carrie Symonds aus einem Hotelzimmer in London kommen, in dem Junge vor zwei Tagen nächtigte.«

Suka Blyat, was labert der?! Das Video wird eingeblendet. Darin passiert genau das, was der Nachrichten-
lauch gerade erzählt hat. Woher kommen diese Aufnahmen? Wer ist der Typ mit meinen Klamotten? Das habe
ich alles nie gemacht! Ok, außer das mit dieser Symonds.
Das war nicht die feine englische Art. HAAA!

»Findet mein Vater bestimmt auch alles nicht lustig.
Warum hast du das gemacht?«, fragt mich Ivanka mit
frechem Unterton, während sie mit ihren Haaren spielt
und eine Kaugummiblase macht. Pizdez, wo hat die das
Kaugummi her? »Blyat, ich war das nicht! Keine Ahnung,
was das soll!« Kaugummi könnte ich auch gut gebrauchen,
mein Mund ist komplett trocken auf einmal und ich
fange an zu zittern. Der Nachrichtensprecher redet immer
noch weiter.

»Das Video wurde für nur kurze Zeit über einen Insta-
gram-Account verbreitet. Der Account war nach einer
knappen Stunde wieder gelöscht, bis dahin hatte sich das
Video allerdings schon wie ein Lauffeuer verbreitet, und
zahlreiche Politiker waren informiert, die daraufhin vor die
Presse traten. Unter anderem sprach Iván Duque, der sich
noch in U-Haft befindet, von ›verbrannter Erde‹, die Slavik
Junge in der Weltpolitik hinterlasse. Außerdem meldete
sich Symonds zu Wort und beichtete ihren Seitensprung.«

Duque macht einen auf Pablo, und ich bin jetzt der
Böse, oder was? Was für verbrannte Erde überhaupt? Er
meint wohl verbrannte Kokainplantagen. HAAA!

»Sobald Junge nach Kirgistan zurückkehre, erwarte ihn
die Festnahme und ein Gerichtsprozess. Junge weilt

zurzeit in den USA, wo er einen Termin bei Donald Trump wahrnimmt, der sich mitten in den Wahlen befindet. Kirgistan verlangt die Auslieferung Junges, der sich noch nicht zu den Vorwürfen äußerte. Mehr zu dem Thema finden Sie auf foxnews.com. Wir kommen zum Sport …«

Blyat, diese drei Minuten Nachrichten kamen mir vor wie drei Stunden. Ich weiß gar nicht, was ich zuerst machen soll. Boris anrufen? Den Sportteil gucken? Versuchen, aus diesem Fahrstuhl rauszukommen? Zu Ende bumsen? Letzte Option eigentlich am besten. Blyat, kennt ihr das, wenn man so plötzlich innere Unruhe hat, weil tausend Sachen anstehen und man weiß nicht, womit man anfängt? Auf meinem Handy erscheinen im Sekundentakt Nachrichten. Von Boris, von Hoke, von irgendwelchen Abgeordneten aus der Regierung. Als ob ich die jetzt öffne, dann sehen die, dass ich online bin.

In dem Moment ziehen Asmalbek und Trump die Fahrstuhltür langsam auseinander und stehen plötzlich vor uns: »Slavik, Bratan, geht's euch gut? Und was da los mit diesen Enthüllungsvideos, Blyat? … Oh, euch geht's offenbar sehr gut.«

Ivanka hält sich vor Schreck schnell ihre Bluse vor die Titten. Trump schaut sich kurz die Situation an. Blyat, muss der nicht zur Pressekonferenz? Sein Kopf wechselt langsam die Farbe und wird rot. Wie mutiertes Gemüse, Blyat. Von Orange zu Tomate. HAAA!

»SLAAAVIK! ICH HOFFE, ES IST IN DIESEM FAHRSTUHL NICHT DAS PASSIERT, WAS ICH GRADE DENKE! Wie sagt man bei euch? Davaj? Davaj, Security!

HALTET DIESEN ASI FEST!«, brüllt Trump in den Flur.

Asmalbek und ich gucken uns kurz an. »ASMALBEK, RENN!« Ich schnappe mir stolpernd meine Klamotten und schubse Trump zur Seite. Wir rennen in einen Gang nach hinten, Asmalbek reißt ein Fenster auf. »Slavik, ist das nicht zu hoch?« – »Halt's Maul! Davaj, spring, da sind doch überall Büsche!«

Wir springen aus dem Fenster und landen in einem Dornenbusch. Gut abgefedert, aber jetzt überall Stacheln in der Haut, Blyat, bin ja nur in Boxershorts. Sehe aus wie Spartaner bei »300«. Nur dass ich noch breiter bin. HAAA!

Asmalbek ist bei der Landung umgeknickt und hält sich schmerzverzerrt das rechte Knie. Parallel dazu kommt aus dem Haus Hundegebell. »SCHNAPPT SIE EUCH!«, höre ich Trump von drinnen rufen. Suka Blyat, der lässt die Hunde los wie Mister Burns.

»RENN, BRATAN, RENN!« Ich helfe Asmalbek auf und wir sprinten wie bei Leichtathletik-WM, Blyat. Ich schaue kurz zurück, die Hintertür vom Weißen Haus geht auf. Vier Hunde rennen los. Warum denn gleich vier? Wieso macht Trump nicht wenigsten fair zwei gegen zwei? Zum Glück mussten wir schon im Block immer viel rennen vor den Bullen, Blyat, sonst wären wir jetzt direkt gefickt.

Hoffentlich hält meine Shisha-Lunge bis zum Zaun. Ich höre das Bellen der Hunde immer näherkommen. »Wo lang, Slavik?« – »Immer nur gradeaus bis zum Zaun.

Davaj!« – »Der Zaun ist viel zu spitz, Mann!« – »Laber nicht, mach einfach Räuberleiter! Und gib mir deinen Pulli!« Asmalbek zieht seinen Pulli aus, wirft ihn mir zu und macht Räuberleiter. Ich lege seinen Pulli und mein T-Shirt als Polster auf die Spitzen vom Zaun und springe drüber. Zum Glück sind die Zaunstangen so weit auseinander, wie Slavik Junge und eine ernsthafte Beziehung. HAAA! So kann ich von der anderen Seite auch Räuberleiter machen. »Davaj, davaj! Die Hunde sind gleich da!«

Ich sehe die Hunde hinter Asmalbek. Das sind maximal noch zehn Meter. Asmalbek stützt sich auf meine Räuberleiter. »Eins, zwei uuund drei!« Mit letzter Kraft springt Asmalbek über den Zaun, die Hunde bremsen kaum ab und klatschen mit voller Wucht gegen das Gitter. Blyat, solche Dummköpfe.

Asmalbek stützt sich mit seinen Händen auf seinen eigenen Knien ab und ist komplett aus der Puste. »Slavik, was jetzt?« – »Pizdez, nicht stehenbleiben, weiterrennen, wir müssen weg hier! Ruf du Timur an, er soll das Flugzeug fertig machen!« – »Und wo willst du hinfliegen?« – »Nach Kirgistan, die Sache klären, ich hab nichts getan!«

Die Passanten gucken uns an wie Aliens, jobani vrot. Wir rennen komplett verwirrt durch Washington. Ich bin immer noch in Boxershorts und hab überall Dornen stecken. Akupunktur, Blyat. Asmalbek ist am Husten wie nach drei Schachteln Marlboro. Ich bestelle ein Uber zum Flughafen. Natürlich Uber Comfort, bin doch kein Lauch, Blyat.

Nach zwei Minuten ist das Uber da, wir springen rein. »Bratan, gib Gas!«

Halbe Stunde Fahrt bis zum Flughafen, jobani vrot. Warum so lange, Blyat? Ich muss so schnell wie möglich raus aus diesem Land. Aber endlich Zeit, Boris anzurufen.

»Slavik, Mann, wo seid ihr? Hier geht's drunter und drüber und du gehst nicht an dein Handy! Weißt du eigentlich, was das für Ausmaße hat?« – »Bratan, ich bin unschuldig! Ich komme jetzt nach Bischkek, die Sache klären!« – »Bist du wahnsinnig? Sobald du hier bist, kommst du vor Gericht!« – »BRATAN, NOCH MAL: ICH BIN UNSCHULDIG!«

Der Uber-Fahrer guckt erschrocken nach hinten. Blyat, hoffentlich hat der noch keine Nachrichten gesehen. Hab so laut geschrien, dass Rotze von meinem iPhone-Bildschirm läuft.

»Slavik, ich glaube dir ja, aber die Beweise sind eindeutig. Du kannst nicht hierherkommen. Du musst erst mal untertauchen. Ich muss jetzt auflegen, die Presse will Statements.« – »Hä? Warte mal! Du musst mir helfen!« – »Ich muss jetzt echt auflegen. Wir kriegen das schon irgendwie hin. Ich melde mich später wieder.«

Boris macht eine Siegerfaust in die Kamera und legt auf. Der hat leicht reden. Was mache ich denn jetzt? Soll ich ins Exil wie Napoleon, der kleine Pisser, Blyat?

»Slavik, ich hab schlechte Nachrichten.« Asmalbek guckt auf sein Handy und fasst sich an die Stirn. »Was denn jetzt noch?« – »Es kommen schon wieder neue

Push-Meldungen rein. Es gibt wohl ein neues Video, wo du Strache in dieser Villa in Ibiza heimlich Koks in die Jackentasche steckst. Und Johnson behauptet, du hättest ihn zu einer Glatze gezwungen.«

»Blyat, wollen die mich alle verarschen?! Ist heute Märchenstunde, jobani vrot?« Ich rutsche nervös auf meinem Sitz hin und her und rufe Boris Johnson bei Facetime an. Er geht nicht ran jtm. Noch mal. Blyat, wieder nicht. Was denkt der, wer er ist? Ich nerve den jetzt. Jebat, endlich geht er ran. Seine Glatze nimmt das halbe Bild ein.

»Dass du es noch wagst, mich anzurufen. Was willst du, verdammt noch mal?!« – »Bratan, beruhig dich mal. Was los mit deinen Haaren? Warum lügst du, von wegen ich hab dich gezwungen zu Glatze?« – »Was los ist? Du hast meine Frau gefickt, du Wichser! Und falls du dich noch erinnerst, du hast mir den Cousin von Asmalbeks Freundin als Friseur empfohlen. Ich war gestern da. Er meinte, ich soll ihm vertrauen! Das ist das Ergebnis!«

Ich kann nicht mehr und pruste direkt los. Valentinas Cousin hat ihm einfach Plattenbauschnitt verpasst. Den Kirgisen bekommt man halt nicht aus dem raus. Da gibt's nur Seiten auf null, Blyat, ist doch klar.

»Lachst du mich grade aus? Slavik, das ist nicht witzig! Wenn meine Perücke nicht rechtzeitig fertig wird, muss ich so vor die Kameras treten zur Brexit-Entscheidung!« Boris' Kopf läuft komplett rot an.

»Valera, schrei mich mal nicht so an! Was dachtest du denn, was dir ein Kirgise für nen Schnitt verpasst?

Sei mal froh, das ist die Slavik-Junge-Vater-Sommer-frisur.«

Suka, Blyat, einfach aufgelegt. Ich versuch's noch mal bei Boris. Pizdez, weggedrückt. Niemand drückt Slavik Junge weg. Weder am Telefon noch beim Bodenkampf. HAAA!

Conte, Duque, Strache. Ich rufe einen nach dem anderen an. Keiner geht ran. Da sieht man mal, wie die Politiker drauf sind. Erst wollen alle mit mir hängen, um cool zu sein und paar Follower zu kriegen, und wenn es drauf ankommt, verpissen die sich, jobani vrot.

Haben keine Eier, das zu klären. Ich blocke die direkt bei Insta. Die sind wie Hunde, Blyat. Die mögen dich auch nur, weil du denen was zu Fressen gibst. Wenn morgen neuer Besitzer kommt und der was zu Fressen gibt, mögen die halt den. Dann ist man wieder pohui. Politiker bellen nur, aber beißen nicht. Höchstens bald ins Gras, diese ganzen alten Säcke. HAAA!

Leider hab ich vergessen, Nummer von der Queen zu klären, die hätte locker geholfen. Dann probier ich's halt bei Putin. Der soll mir Asyl geben. Es klingelt. Blyat, geht auch nicht ran. Bestimmt nur wegen Zeitverschiebung.

»Ja, und jetzt? Wir sind gleich am Flughafen. Wir müssen Timur sagen, wo wir hinwollen.« Asmalbek guckt mich verzweifelt an. »Wir fliegen einfach nach Moskau, zu Putin geht immer. Snowden hat da auch Asyl bekommen. Von da aus klären wir den Rest.«

23
DER KREISLAUF DES LEBENS

»Freunde, wir haben da ein Problem!«, ruft Timur plötzlich aus dem Cockpit nach hinten. Blyat, wie oft habe ich diesen Satz in den letzten zwölf Stunden gehört? Reicht langsam mit Problemen. Bisschen Licht statt Schatten wäre mal wieder ganz gut, jobani vrot. Putin hat sich immer noch nicht gemeldet. Hab mein Handy jetzt auch weggelegt. Überall meine Fresse in den Nachrichten, ich kann's nicht mehr hören jtm. Die ganze Welt gegen Slavik, Blyat. Keine gute Entscheidung von der Welt. HAAA!

Ich gehe nach vorne zu Timur. »Was denn los, Bratan? Kein Sprit mehr? Aus Versehen Diesel getankt?« Ich lache, Timur nicht. »Ja, kann man so sagen. Ich hab mich verrechnet. Der Tank reicht niemals bis nach Moskau. Maximal bis nach Polen. Wir sind jetzt grade mal über Deutschland. Wir müssen bald notlanden.«

»Was? Wie kann das sein? Du bist doch schon hundertmal nach Moskau geflogen.« – »Ja, aber noch nie von Amerika aus.« – »Wieso das denn?«

Timur räuspert sich, guckt nach vorne und schweigt einfach. Er schwitzt am ganzen Körper.

»Timur, ey! Ich hab keine Zeit für Spielchen. Sag jetzt, was los ist!« Ich schlage gegen seine Lehne. »Naja, jetzt, wo sich unsere Wege eh bald trennen, ist es auch egal. Ich bin eigentlich …«‎ – »Ja? Was bist du?« – »Eigentlich bin ich Busfahrer«, sagt Timur kleinlaut.

Ich weiß grade nicht, ob ich ihn direkt ins Triebwerk schmeißen oder nur drüber lachen soll. Pizdez, mich wundert langsam gar nichts mehr.

»Asmalbek, komm mal her.« – »Ja, was ist?« – »Bratan, wusstest du, dass er eigentlich nur Busfahrer ist?« – »Was? Ernsthaft?« – »Blyat, ich hätte grade so viele Fragen und könnte ihn fetzen, aber was machen wir jetzt? Wir brauchen ne Lösung. Guck mal bei Maps, wo wir landen können.«

Asmalbek tippt auf seinem Handy rum. »Hier, guck mal!« Er zeigt mir den Bildschirm und zoomt ran. »Tempelhofer Feld in Berlin ist am Nächsten.« – »Ok. Timur, streng dich an, bis Berlin ist nicht mehr weit. Davaj.«

So habe ich mir meinen ersten Deutschlandbesuch auch nicht vorgestellt, jobani vrot. Jetzt konnte ich nicht mal TikTok-Challenge mit Mutti Merkel machen, aber bin auf ihr Land angewiesen, Blyat. Wenigstens musste ich nicht mit Schlauchboot über Mittelmeer kommen, Blyat.

»Pizdez, da sind überall Leute auf der Landebahn!«, ruft Timur, als wir uns dem Tempelhofer Feld nähern. »Stellt euch auf ne harte Landung ein! Was soll ich machen? Wo ist hier die Hupe?!« Ich renne wieder ins Cockpit. »Debil, was für Hupe? Das ist doch kein Schulbus! Die Leute werden schon merken, dass da n Flugzeug kommt!«

Was das für n Flughafen, Blyat? Man sieht, wie die Leute panisch wegrennen. Ein paar packen ihre Picknickdecke ein, andere fahren mit Inlinern oder so langen Skateboards weg. Sogar Leute mit DJ-Pult stehen da und rennen um ihr Leben. Einer jongliert mit Kegeln. Wir landen, aber sind noch viel zu schnell. Hoffentlich geht das gut, jobani vrot. Irgendwelche Lampen im Cockpit fangen an zu blinken, alles piept und leuchtet. Mein Herz ist am Pumpen wie Bodybuilder. Auf einmal werden wir langsamer und bleiben kurz danach stehen. Geschafft, Blyat. Hoffentlich haben die hier noch nicht russischen Angriff auf Deutschland gemeldet. Die späte Rache. HAAA!

Wir rutschen über die Notfallrutsche aus dem Flugzeug und gucken in erstaunte Gesichter. Als hätten wir grade Mars erobert, jobani vrot. Die Leute versammeln sich um das Flugzeug.

»Ey, ihr da! Schönen Dank auch! Wegen euch habe ich meinen Chai Latte verschüttet!« Irgendeine Frau mit hellblauem Stirnband und Oberteil wie Kartoffelsack schnauzt mich an. Blyat, was will die denn jetzt? Die hat nicht mal Schuhe an.

»Und von mir habt ihr die Slackline kaputt gemacht! Die kostet 49,99 Euro! Das könnt ihr mir schön bei PayPal überweisen!«, meckert ein Typ mit beiger Schlaghose und freiem Oberkörper. Der Lauch hat Locken wie Shakira.

»Valera, was für ne Line?«

»Meine Slackline! Guckt doch, da!« Der Lockenlauch zeigt zu den Rädern vom Flugzeug. Ein langer, roter Gurt hat sich darin verfangen.

215

»Blyat, das Ding hat das Flugzeug gebremst. Hat uns das Leben gerettet. Hier, Bratan, kannst du dir zwei Slacklines kaufen!« Ich schmeiße dem Typen hundert US-Dollar hin. »Aber würde ich mir nochmal überlegen, ob man wirklich Fuffi für ein Seil ausgeben muss.«

Lockenlauch nimmt den Hunderter und verpisst sich. Bisschen sauer war der immer noch, hab ich genau gesehen. Für mich jedenfalls höchste Zeit, von hier zu verschwinden.

»Hier muss es sein, Kienbergstraße 1, danke.« Ich steige aus dem Uber Comfort und stehe vor einem riesigen Häuserblock. Blyat, das ist Berlin-Marzahn? Marzahn ist wie renoviertes Kirgistan. Hier wohnt Paul. Wenigstens hat Asmalbek mir noch geklärt, dass ich bei seinem Cousin bleiben kann, bevor er und die anderen wieder nach Kirgistan sind. Denen droht da ja nichts, Blyat.

Aber hier ist auch gut, ich fühl mich direkt wie zu Hause. Ich gehe in den Fahrstuhl und drücke auf die Acht. Endlich wieder Pissegeruch. An den Flurwänden sind hässliche Graffiti.

»Tach, Slavik! Lang nischt mehr jesehen, wa? Groß biste jeworden. Ist ja ne rischtje Ehre, einen ehemaligen Präsidenten zu Gast zu haben. Dann komm mal rin.«

Blyat, das »ehemalig« in seinem Satz tut weh. Paul steht da in grauer Jogginghose und Unterhemd. Ganz schön dick geworden, Blyat. Als ich Kind war, sah der aus wie Salzstange, jetzt wie Heißluftballon. Aber er wirkt nicht dumm dabei, er trägt ne Brille. So ne runde wie Bibliothekar, jobani vrot. Die Bügel von der Brille drücken in sein dickliches Gesicht. Wenn der die Brille absetzt, sind da locker solche tiefen Abdrücke im Gesicht, dass man Kreditkarte durchziehen kann, Blyat.

Paul gibt mir seine schwitzige Hand und hält mir die Tür auf. Seine Wohnung sieht aus wie das Zockerzimmer von Prinz Charles. Nur mit mehr Licht. Paul hat wenigstens die Jalousien oben. Dafür hängen überall Filmposter von Star Wars und Herr der Ringe und so. Ich quetsch mich durch den schmalen Flur. Muss man eigentlich mit Butter einschmieren, damit mein Kreuz hier durchpasst.

»Schmeiß nur kurz deene Sache inne Ecke, ick muss direkt zur Arbeit. Komm ma mit, sonst ist mir langweilig da.« Pizdez, er macht Ansagen wie n Flughafenmitarbeiter. Aber immer noch besser, als in diesem Loch hier rumzuhängen. Ich hoffe, meine Sachen sind nicht direkt von Schimmel befallen, wenn wir zurückkommen, Blyat.

»So, kieck ma, und wenn du dann dem Account gefolgt bist und in die DMs gehst, musste den Home-Button jedrückt halten und gleichzeitig dreimal auf die leiser-Taste drücken, dann öffnet sich ein geheimer Instagram-Bereich mit unzensierten Bildern. Geht aber nur, wenn du im iPhone Darkmode aktiviert hast. Geile Sache, wa?«

Paul lehnt über dem Kassentresen und zeigt mir irgendwelche Bilder von nackten Models bei Instagram. Blyat, er ist immer noch so ein Freak wie früher und hat solche kranken Hacks drauf. Schon als er früher zu Besuch bei Asmalbek war, hatte er Cheatcodes, dass man bei GTA Tesla bekommt. Umwelt schonen beim Leute abknallen. HAAA! Und damals kannte kein Schwanz Tesla, Blyat.

Ich wippe neben Paul auf einem durchgesessenen Bürostuhl rum, mit den Füßen auf dem Tresen. Paul arbeitet in so nem richtigen Schrottladen für Elektronikzeug. Nicht mal Saturn oder Media Markt, Blyat, sondern so n alter Laden in Marzahn-Hellersdorf. Außer uns ist hier niemand. Seit vier Stunden sind wir hier und nur ein Kunde war da. So ein Opa, ist wohl der einzige Stammkunde hier. Er hat einfach DVDs gekauft, jobani vrot. Ich wusste nicht mal, dass die noch hergestellt werden jtm. Seine Enkel sollen ihm mal Streaming erklären. DVDs noch unnötiger geworden als Bubbletea.

Jetzt guckt Paul auf seinem Handy ein YouTube-Video über Garnelenzucht in Vietnam, vorhin hat er schon Wikinger-Dokumentation geguckt. Von zu Hause hat er sich seinen Laptop mitgebracht, wo er irgendwelche Codes in Programme eintippt.

»Bratan, warum arbeitest du überhaupt in so nem Kackladen mit deinem Wissen, Blyat? Such dir mal n Job beim Geheimdienst oder so.« – »Ach ne, dit wär mir zu stressig. Den Scheiß in dem Laden hier mach ick ja nur, damit ick n Job nachweisen kann. Ansonsten mach ick Schwarzkohle als Informatiker und hacke mich in WhatsApp-Chats von Geschäftsmännern und erpresse die, wenn die wieder Escortfrauen bestellen. Und ich programmiere eigene Spiele und Videos.«

Auf einmal geht die Ladentür auf, ein kleiner Pisser kommt rein. Der ist maximal fünfzehn, Blyat. Hat der sich verfahren mit E-Scooter, oder was will der hier? Der Junge trägt ein neongelbes Oversize-Shirt und hellblaue, zerrissene Jeans. Richtiger Lauch, jobani vrot. Er sagt nichts und geht durch die Reihe von den Handys. Was guckt der sich da so lange um? Da ist doch kaum Auswahl jtm. Jeder Drogendealer hat mehr Handys als der Laden hier. Paul und ich beobachten ihn.

»Suchste irgendwas?«, ruft Paul in seine Richtung. In dem Moment klingelt das Telefon auf dem Tresen, Paul und ich gucken kurz dahin. Direkt versucht der Junge, ein Handy aus der Reihe vom Sicherungskabel zu reißen und Richtung Tür zu laufen. Paul hat Reflexe wie Manuel Neuer und drückt auf einen Knopf unterm Tresen. Der Junge kriegt einen Stromschlag durch das Handy, Blyat, und eine fette Stahltür kommt aus der Decke vor die Ladentür geknallt. Pizdez, wie bei Transformers hier. »Hab ick selbst jebaut, das System«, zwinkert Paul mir stolz zu, bevor er aus seinem Stuhl springt und todessauer in die Richtung des Jungen läuft.

Mit Paul würde nicht mal ich grade in Käfigkampf wollen. Er geht auf den Jungen zu mit Power wie ne Abrissbirne. Der Junge zittert, das seh ich sogar von hier aus. Paul zieht ihm direkt ne fette Backpfeife, der Junge schwankt. Pizdez, das war eine der krassesten Backpfeifen, die ich je gesehen habe. Traut man Paul gar nicht zu. Mit ihm müsste man irgendne Show machen auf YouTube, wo er sich mit anderen Brechern gegenseitig Schellen zieht. Würde locker viral gehen, Blyat.

Paul schreit den Jungen an: »Was denkste, wer du bist? Kommst hier rinjeloofen und willst dat einzige iPhone 12 abziehen, das wir geliefert bekommen haben?! Hast du keenen Respekt vor mir? Und vor den Leuten, die dieses Wunderwerk der Technik entwickelt haben? Hast du keenen Respekt vor der Kunst, die man mit diesem Teil erschaffen kann? Du wolltest damit bestimmt nur so alberne TikTok-Tänze drehen, wa? Du solltest dich schämen! George Lucas, der macht Kunst, oder Christopher Nolan! Aber ihr Kinder mit euren scheiß TikToks und Reels und Trillervideos, ihr seid eene Schande!«

Blyat, wo kommt das denn jetzt her? Er nimmt das ja richtig ernst. Ich schau mir das Ganze vom Tresen aus an. Braucht man schon fast Popcorn für, Blyat.

Paul atmet tief ein und schreit weiter: »Jeder denkt jetzt, er ist Regisseur geworden mit Handy! Genau wie der Typ, der meinen Freund Slavik verarscht hat!« Paul zeigt in meine Richtung. Was labert der? Der Junge schaut mich an.

»Krass … bist du nicht der, der die Ansage auf nem weißen Pferd gemacht hat? Dieser Präsident?«, stammelt er mit gebrochener Stimme. Noch bevor ich antworten kann, grätscht Paul wieder dazwischen: »Ne, der ist jetzt nämlich keen Präsident mehr von Kirgistan! Wegen so Fakevideos von seinen Reisen, die veröffentlicht wurden. Hab ick auch rausjefunden, dass das gefakt wurde! So schlecht, das hättest du wahrscheinlich besser hinbekommen mit iPhone 12. Ick hab das alles analysiert mit einem eigenen Programm zur Analyse von Körperstaturen! Da hatte einfach nur jemand die gleichen Klamotten wie Slavik an. Außer in dem Hotelvideo, das war echt. Und wenn du jetzt denkst: Ja, toll, den Täter kennt man trotzdem nicht. Und ob! Das hab ick auch rausjefunden! Ick hab die IP-Adresse. Die Videos kamen direkt aus Bischkek von einem Sascha Borissowitsch. Ditte ist der Bruder von Boris, Slaviks Assistent, hab ick recherchiert. Na, wat sachste jetzt?«

Paul guckt den Jungen an, der gar nicht weiß, was er sagen soll. Genauso wenig wie ich. Blyat, will Paul mich verarschen? In dem Moment bekomme ich eine Pushnachricht von Kirgistan TV: »Sooronbai Dschenbekow im Ruhestand: Boris Borissowitsch zum Nachfolger ernannt.«

Auf einmal ergibt alles einen Sinn, jobani vrot. Ich spüre, wie mein ganzer Körper immer leerer wird. Boris wollte sein ganzes Leben schon nach ganz oben in der Politik. Deswegen war der auf einmal auch so nett und ständig weg zwischendurch bei den Reisen. Der hat auf gute Gelegenheiten gewartet und dann die Szenen gefilmt mit irgendwelchen Verbündeten von ihm. Irgendwann habe ich mal ein Gespräch von Boris mitbekommen, wie er Sooronbai von einem Bruder namens Sascha erzählt hat. Mir hat der nie was von dem gesagt, Blyat. Jetzt kann ich mir denken, warum.

Sascha Borissowitsch ist dieser Typ, der mir damals im Kindergarten den Hockeyschläger gegen mein Schienbein geballert hat und dem ich später in Gummistiefel gekotzt hab. Pizdez, wie nachtragend kann man sein? Er macht fünfzehn Jahre später Verschwörung gegen mich mit seinem Bruder wegen Gummistiefeln?! Als ob ich in Louboutins gekotzt hätte. Dann hätte man noch verstehen können, Blyat, die kosten mehr als Wohnung in Bischkek.

Das ganze Puzzle setzt sich jetzt zusammen. Boris mochte mich von Anfang an nicht, weil sein Bruder ihm alles erzählt hat, und Boris kam das gelegen, weil er eh immer von der Präsidentschaft geträumt hat. Also musste er mich aus dem Weg räumen, und er wusste, dass Sooronbai bald in Rente wollte. Jetzt ist Boris an seinem großen Ziel.

Ich checke WhatsApp. Boris hat die Regierungsgruppe verlassen. Ich gehe auf seinen Chat. Er hat meine Nummer blockiert. In mir steigt die Wut immer weiter hoch. Ich überlege kurz, Paul zu fetzen. Einfach weil es sich grade anbietet. Muss mich abreagieren.

»Paul, bist dumm, Blyat? Warum erzählst du mir nichts von deinen Analysen? Ich fliege heute noch nach Kirgistan und kläre das alles!«

»Wollte dich nicht sauer machen, weil dit juckt nächste Woche eh keen mehr. Ick sag dir janz ehrlich: Entweder du gehst zurück nach Kirgistan und hast Stress ohne Ende, oder startest hier was Neues. Hier bekommst du sogar Geld fürs Nichtstun.«

Blyat, als ich das höre, gucke ich Paul mit aufgerissenen Augen an: »Ich bekomme was?!«

24
MEIN NAME IST SLAVIK

Du! Ja, genau du, wenn du das hier liest, pass genau auf jetzt: Ich war ganz unten, dann ganz oben und jetzt grade bin ich wieder ganz unten. Aber ich weiß: Ich werde in Zukunft wieder ganz oben sein. Amazon Prime und Netflix werden sich darum streiten, wer die dreiteilige Dokumentation über mich ausstrahlen darf, Blyat.

Wenn ich zurück bin an der Spitze wie Bergsteiger. Wenn ich den Berg des Lebens erneut erklommen habe und in nem neuen Palast lebe mit neuer G-Klasse. Denn diese Zeit wird wiederkommen. Dafür sorge ich, Slavik Junge, ab sofort mit verschiedenen Geschäftszweigen. Als YouTuber, damit da endlich nicht nur Lauchs ihre Sachen hochladen. Und Rapper werde ich, weil das, was ich erlebt habe, ist mehr Gangster als jeder Sprechgesangsartist, der über seine Tütchen rappt, die er im Park abpackt. Slavik Junge, Multitalent und Geschäftsmann. Wolf of Marzahn Street. HAAA!

Und dafür brauche ich eine gesunde Basis. Die bekomme ich an einem Ort, wo Zeit endlos ist. Wo alle ganz entspannt sind und extreme Ruhe ausstrahlen, wie Mönche. Dieser Ort ist der Tempel des Wohlstands.

Oder wie es offiziell in der deutschen Bürokratie heißt: das Arbeitsamt.

Pizdez, die Schlange hier ist länger, als wenn neue Playstation rauskommt. Bin extra früh aufgestanden wie so Vogelbeobachter, die sich morgens in die Natur setzen, Blyat. Sind locker trotzdem fünfzig Leute vor mir. Nachdem Paul mir von Arbeitslosengeld erzählt hat, hat er mir direkt alle nötigen Unterlagen gefälscht, damit ich beantragen kann. Hab jetzt neue Identität: In meinem Ausweis steht Mark Filatov.

Blyat, ich bin so müde, obwohl ich mir extra noch Kaffee geholt hab. Schwarz. Wie die Zahlen auf meinem Konto, sobald Hartz IV da ist. HAAA! Und hab mir Center Shock gekauft, damit ich wacher werde. Hat aber auch nichts gebracht, weil meine Zunge abgestumpft ist von den ganzen Semetschki in meinem Leben. Das Salz hat die fast taub gemacht. Dowajst schon, was ich meine.

Die Sonne geht langsam auf und strahlt über das Jobcenter-Gebäude hinweg auf die wartenden Leute. Blyat, das ist wahre Romantik. Und das Jobcenter-Gebäude so alt jtm. Locker noch aus DDR, Blyat. Die Mauern bröckeln schon.

Ich trage den gleichen weißen Jogger wie bei meinem Termin mit Trump. Der hat die Wahl mittlerweile verloren. Aber ich weiß ja, dass er quasi trotzdem gewonnen hat. An meinem Jogger ist sogar noch bisschen Lippenstift von Ivanka am Kragen. An Slaviks Hals war schon mehr Lippenstift als in Videos von Schmink-YouTuberinnen. HAAA!

Der Jogginganzug ist historisch und jetzt stehe ich damit vor dem Jobcenter in Marzahn. So schnell kann's gehen, jobani vrot. Das ist eines der letzten Dinge, das mir noch von meiner Präsidentschaft geblieben ist. Und meine Instafollower. Aber mein Präsidentenfame interessiert hier niemanden. Gesellschaft so schnelllebig, jobani vrot. Seit meinem Skandal gab's hundert neue Themen. Und das ist gerade mal drei Tage her, Blyat.

Immer noch ne viertel Stunde bis zur Öffnung vom Amt. Zeit vergeht langsamer als in Matheunterricht. Hier ist es so langweilig wie die YouTube-Trends, wenn Slavik Junge kein Video veröffentlicht. HAAA!

Aus dem Nichts wird die Ruhe von lauten Bässen gestört, die immer näherkommen. Die Luft schon richtig am Dröhnen, Blyat. Ein tiefergelegter VW Golf GTI kommt auf den Parkplatz gefahren. Der Speziallack von Auto verändert seine Farbe im Licht. Aus manchen Perspektiven ist lila, aus anderen grün. Wie Chamäleon, Blyat, mit Unterbodenbeleuchtung. Wie bei Need for Speed, aber auf Windows95.

Der hellblonde Typ mit Stachelfrisur im Auto fährt die Scheiben runter. Pizdez, ist das H.P. Baxxter? Der lief immer auf unserem Fernseher früher. Direkt mal hingehen, Blyat.

»Bratan, was machst du denn hier?«

»Moin! Ich brauch nen neuen Zuschuss für meine Autoanlage. Die hier hat keinen sauberen Bass mehr, wenn ich voll aufdrehe. Meine Kollegen sind auch schon da. Guck durch die Scheibe, da in der Eingangshalle warten Reiner Calmund und Thomas Anders. Draußen in der Schlange ganz vorne ist Thomas Gottschalk. Bei dem läuft auch nicht mehr so, seit Haribo-Werbung vorbei ist. Und ein paar Meter hinter ihm wartet Michael Ballack.«

Blyat, die hab ich alle gar nicht gesehen von da hinten. Gottschalk wirft sich grade ein Gummibärchen in den Mund. »Ey, Thommy«, rufe ich ihm zu.

Gottschalk zuckt zusammen und verschluckt sich am Gummibärchen. Blyat, das wollte ich gar nicht. Ich versuche, schnell abzulenken: »H.P., Bratan, mach mal volle Lautstärke an, ich will hören, wann das Rauschen kommt.«

H.P. Baxxter dreht voll auf. Das Jobcenter wackelt von den Vibrationen. Eine Scheibe nach der anderen zerspringt. Gottschalk läuft wild durch die Gegend und kann sich mit kräftigem Husten endlich von dem Gummibärchen in seinem Hals befreien. Ich werfe Ballack meinen Kaffeebecher zu und brülle in seine Richtung: »Michael, Bratan, mach mal n Trick!« Ballack übertreibt direkt. Er jongliert den Becher kurz mit seinen Füßen und schießt ihn dann mit einem Fallrückzieher genau gegen die rechte Eingangssäule vom Jobcenter.

Pizdez, das Jobcenter wackelt immer mehr und Panik bricht aus jtm. Alle rennen wild durcheinander. Reiner Calmund läuft panisch aus der Eingangshalle und bleibt im Türrahmen stecken. Sieht aus wie so n Barock-Porträt von dicken Monarchen, Blyat. Calli rennt einfach weiter und reißt den kompletten Eingangsbereich mit raus. Das Jobcenter fängt an, hinter ihm zusammenstürzen.

Thomas Anders ist auch geflüchtet, aber wird draußen von einer herabfallenden Akte von 1985 getroffen und fängt verwirrt an, »Cheri, Cheri Lady« zu singen, während er Gitarre spielt mit einem Longboard, das im Gebüsch lag.

H.P. Baxxter steht inzwischen auf seinem Autodach und schreit die ganze Zeit »Hyper, Hyper«. Das runterkrachende Arbeitsamt-Logo landet genau auf dem Kopf von Thomas Anders jtm. Er trägt das »A« wie einen Hut. A wie Anders. Ballack setzt zum Torjubel an und rutscht auf Knien über den Parkplatz. Überall liegt Schutt und Asche. Nur eine Besenkammer links vom Haupteingang ist stehengeblieben und durch eine letzte Erschütterung fällt die Tür der Besenkammer ab. Man sieht Boris Becker mit einer Putzfrau Tiri Piri machen. PIZDEZ JTM. Ich drücke schnell einem dicklichen Typen mit Brille mein Handy in die Hand: »Bratan, davaj, film mich mal! Läuft? Gut …«

Ok, vielleicht hab ich wieder bisschen übertrieben. Und vielleicht bin ich auch nicht der beste Romanautor wie Lauch mit Schreibmaschine vor Kaminfeuer. Aber, Blyat, was soll ich hier so auf Möchtegernlyriker tun? Ich bin weitergekommen im Leben als jeder Pseudo-Intellektuelle, obwohl ich tausendmal auf die Fresse geflogen bin und aus dem Plattenbau komme. Während ich das Buch hier geschrieben habe, wurde ich Comedypreisträger. Früher hab ich diese Verleihungen noch geguckt in unserer kleinen Wohnung und jetzt stand ich selbst da auf der Bühne im Jogginganzug.

Und vielleicht wird dieses Buch Bestseller in Deutschland, Kirgistan oder weltweit und J. K. Rowling grüßt mich in Instastory oder macht TikTok-Tanz mit dem Buch. Und alle Kinder werden für die nächsten tausend Jahre in der Schule mit dem Buch gequält, weil es Schulstoff wird. Dann sagen alle irgendwann im Jahr 3500: »Was hat er für eine hochgestochene, abgehobene Sprache verwendet?! Verstehe kein Wort.« Pohui.

Und irgendwann kommt die Story dann als Film im Kino. Aber allen Jungs empfehle ich: Geh nicht mit Date in den Film, sonst will sie nur noch mich und nicht dich. HAAA!

Träum immer groß und glaub an deine Träume, dann kannst du alles schaffen, genau wie ich. Vom Präsident zum Hartz IV und wieder zurück. Mein Name ist Slavik, ich komme hier aus Marzahn. Das mein Leben, das mein Viertel.

WAS DU NOCH WISSEN SOLLTEST...

SLAVIK – DEUTSCH

In diesem Buch tauchen einige Begriffe auf, die du nicht im Duden findest. Du kennst sie wahrscheinlich schon. Wenn nicht, findest du hier die Erklärung:

BRATAN leitet sich ab vom russischen Wort »brat« für »Bruder« und meint den engen Kumpel, die Community

BLYAT Bedeutet so viel wie »Fuck!« oder »Scheiße« – oder »verfickte Scheiße!«. Der Ausdruck hat nicht so viel Gewicht, gehört aber einfach dazu und verdeutlicht deine Aussage bzw. macht diese cooler. Aber sag' nicht vor russischen Eltern!

KILLER, BABA
Ausdruck für (sehr) gut

HAAA!
Ausdruck von Freude oder Überspielen eines schlechten Witzes. Dient alternativ auch zur Anlockung eines Weibchens, ähnlich dem Brunftschrei des Hirsches.

PIZDEZ, JOBANI VROT
Siehe Übersetzung von Blyat

REGISTER

Im Buch werden diese Begriffe übrigens so oft verwendet:

Blyat   512 x

HAAA!   166 x

Pizdez   156 x

Jobani vrot   129 x

Bratan   121 x (inkl. Plural »Bratans«)

FUN FACT

Das hat Onkel Samat alles abgezogen:

Plasma-/Flachbildfernseher
eine Autolüftung
einen Bolzenschneider
ein Fahrrad
25 Duftbäume
Marlboro-Zigaretten
Fleisch und vegane Grillsachen
E-Shishas
Staubsauger
und eine Angelschnur

ÜBER DEN AUTOR

Mark Filatov kam im Alter von fünf Jahren aus Kirgistan nach Deutschland. Er finanzierte sich durch den Handel mit Autos ein Schauspielstudium, ehe er ab 2016 mit der YouTube-Serie »Ost Boys« vom Leben im Plattenbau erzählte. Daraus ging seine Rolle als Slavik Junge hervor, in der er in der Öffentlichkeit hauptsächlich auftritt, unter anderem als Rapper und in der eigenen, mit dem Comedypreis 2020 gekrönten Serie »Slavik – Auf Staats Nacken«. Derzeit lebt er in Berlin.

DANKE MAMA

DANKE MEINER COMMUNITY,
DIE MICH VON ANFANG AN UNTERSTÜTZT HAT